Europäische Strukturpolitik im ländlichen Raum

Europäische Hochschulschriften
Publications Universitaires Européennes
European University Studies

Reihe V
Volks- und Betriebswirtschaft

Série V Series V
Sciences économiques, gestion d'entreprise
Economics and Management

Bd./Vol. 2271

PETER LANG
Frankfurt am Main · Berlin · Bern · New York · Paris · Wien

Günter Tissen / Kathleen Toepel

Europäische Strukturpolitik im ländlichen Raum

Zwischenbewertung des Ziel-5b-Programms Schleswig-Holstein (1994-1996)

PETER LANG
Europäischer Verlag der Wissenschaften

Die Deutsche Bibliothek - CIP-Einheitsaufnahme

Tissen, Günter:

Europäische Strukturpolitik im ländlichen Raum : Zwischenbewertung des Ziel-5b-Programms Schleswig-Holstein (1994-1996) / Günter Tissen ; Kathleen Toepel. - Frankfurt am Main ; Berlin ; Bern ; New York ; Paris ; Wien : Lang, 1998
(Europäische Hochschulschriften : Reihe 5, Volks- und Betriebswirtschaft ; Bd. 2271)
ISBN 3-631-33084-7

ISSN 0531-7339
ISBN 3-631-33084-7

Vorwort

Den ländlichen Räumen kommt einerseits im Rahmen der Diskussion um nachhaltige Entwicklung eine besondere Bedeutung zu, andererseits stellen die Auswirkungen der europäischen Einigung und der Globalisierung diese Regionen ebenso wie die verdichteten Regionen unter einen verstärkten Wettbewerbsdruck. Die ländlichen Gebiete umfassen über 80% der Fläche der Europäischen Union und rund ein Viertel ihrer Bevölkerung. Unterschiedliche Ausstattungen mit Standortfaktoren führen zu einer sehr großen Heterogenität ländlicher Räume. An dieser Vielfalt muß sich die Politik auf europäischer, nationaler und regionaler Ebene orientieren und ihre Instrumente abstimmen, wenn sie den Zusammenhalt in Europa im Sinne von Nachhaltigkeit und Gleichwertigkeit der Lebensverhältnisse stärken und mit dieser Ausrichtung die Entwicklung ländlicher Regionen fördern will.

Die Europäische Union verfügt über mehrere Instrumente zur Überwindung der wirtschaftlichen und sozialen Niveauunterschiede innerhalb der Gemeinschaft. Die drei europäischen Strukturfonds, d. h. der Europäische Fonds für Regionale Entwicklung (EFRE), der Europäische Sozialfonds (ESF) und der Europäische Ausrichtungs- und Garantiefonds für die Landwirtschaft (EAGFL, Abt. Ausrichtung) zählen dabei zu den wichtigsten. Im Zeitraum 1994 bis 1999 stehen aus allen drei Fonds insgesamt 154,5 Mrd. ECU zur Verfügung. Die Mittel werden im Rahmen von sechs Zielen und zahlreichen sogenannten Gemeinschaftsinitiativen eingesetzt. Das Ziel 5b ist auf die Entwicklung und strukturelle Anpassung der ländlichen Gebiete gerichtet. Im Zeitraum 1994 bis 1999 stehen für die hierunter geförderten Regionen europaweit 6,862 Mrd. ECU aus den Strukturfonds zur Verfügung. Davon entfallen 1,227 Mrd. ECU auf deutsche Ziel-5b-Regionen. Zu diesen Regionen gehört auch ein Teil des Landes Schleswig-Holstein.

Mit der Genehmigung des Einheitlichen Programmplanungsdokuments (EPPD) für die Ziel-5b-Region Schleswig-Holsteins im Jahre 1994 begann die zweite Förderperiode der europäischen Strukturpolitik in den ländlichen Regionen Schleswig-Holsteins. Gegenüber dem ersten Förderzeitraum (1991 bis 1993) wurde die Gebietskulisse um die nördlichen Teile der Kreise Nordfriesland und Schleswig-Flensburg sowie um mehrere Gemeinden im Kreis Rendsburg-

Eckernförde erweitert. Die flächenmäßige Ausdehnung ging mit einer Aufstockung der finanziellen Mittel einher. Die Mittel aus den drei Strukturfonds, insbesondere die des EFRE und des ESF, wurden von 29,7 Mill. ECU auf 85,9 Mill. ECU erhöht. Damit haben sich auch die Schwerpunkte der Förderung gegenüber dem ersten Förderzeitraum substantiell geändert.

Vor dem Hintergrund gestiegener Mittelausstattung der Strukturfonds, der zunehmenden Konkurrenz um knappe öffentliche Mittel und auch im Interesse einer kontinuierlichen Weiterentwicklung und Verbesserung dieses Politikbereiches gewinnt die Evaluierung der Strukturfondsinterventionen auch für die nationale Strukturpolitik an Bedeutung.

Für Programme, die eine Laufzeit von mehr als drei Jahren haben, ist im allgemeinen neben einer ex-ante und ex-post Bewertung seit 1994 zusätzlich eine Zwischenbewertung der Förderung vorgesehen. Im Jahre 1997, in der Mitte der von 1994 bis 1999 reichenden Förderperiode, wurden daher in allen Förderregionen Europas Zwischenevaluierungen der Strukturfondsförderung durchgeführt, so auch in Schleswig-Holstein. Eine solche Zwischenbewertung für den Zeitraum 1994 bis 1996 wurde vom Institut für Strukturforschung der Bundesforschungsanstalt für Landwirtschaft[1] in Kooperation mit dem Deutschen Institut für Wirtschaftsforschung[2] im Auftrag des Minsteriums für Landwirtschaft sowie des Ministeriums für Wirtschaft, Technologie und Verkehr des Landes Schleswig-Holstein erarbeitet. Ausgewählte Ergebnisse werden hier vorgestellt.

---

1 Zuständig für den Gesamtbericht, die Bewertung des EAGFL und des ESF.

2 Zuständig für die Evaluierung des EFRE.

Inhaltsverzeichnis

Verzeichnis der Tabellen

Verzeichnis der Abbildungen

1 Aufgabenstellung, Zielsetzung, Vorgehensweise und Abgrenzung des Untersuchungsgegenstandes

1.1 Aufgabenstellung und Zielsetzung

Im EPPD für die Ziel-5b-Interventionen im Bundesland Schleswig-Holstein steht zu den Anforderungen an die Bewertung: "Sie soll eine kritische Analyse der im Rahmen der Begleitung erfaßten Daten durchführen. Sie soll die Fortschritte bei der Verwirklichung der angestrebten Ziele beschreiben, etwaige Abweichungen in der Zielerreichung begründen und Ergebnisse der Interventionen vorausschätzen. Im Mittelpunkt der Bewertung stehen außerdem die Zweckdienlichkeit der Interventionen und die Relevanz der Ziele" (Ministerium für Landwirtschaft, 1994, Anhang). Diese Analysen sollen sowohl auf einer differenzierten Ebene (Projekt- bzw. Maßnahmenebene) als auch auf der aggregierten Ebene (Programm- bzw. Unterprogrammebene) Aussagen über die Interventionen zur Verfügung stellen.

Zur Konkretisierung dieser grundsätzlichen Aufgaben der Zwischenbewertung wurden im Rahmen der Vertragsgestaltung mit dem Land Schleswig-Holstein folgende weitere Elemente für die Zwischenbewertung festgelegt:

- Analyse der Entwicklung;
- Diskussion der Indikatoren;
- Überprüfung der Effektivität des Programms und
- Beurteilung und Stellungnahme zur Effizienz des Programms.

Bezüglich der methodischen Vorgehensweise für die Zwischenbewertung des Ziel-5b-Programms wurde im Bewertungsauftrag festgelegt, daß sich die Bewertung im Kern auf bereits vorhandene Quellen (Jahresberichte, Sekundärstatistiken, Förderstatistiken, etc.) stützen soll. Der Ausgangspunkt soll die Analyse der Indikatoren sein, die im Zuge der Programmbegleitung erhoben werden. Eine Ergänzung obiger Unterlagen wird durch Fallstudien empfohlen, um zusätzliche Erkenntnisse über Wirkungen, Effektivität, Effizienz und Prozeßabläufe zu gewinnen und weiterhin, daß dabei die Belastung der Administration durch Befragungen möglichst gering gehalten werden soll.

Als Zeitraum für die Durchführung der Zwischenbewertung wurde September 1996 bis Ende April 1997 festgelegt. Die maßgeblichen Informationen (Finanzdaten und weitere Indikatoren) über die Ziel-5b-Förderung in 1996 lagen Mitte März 1997 jedoch immer noch nicht vollständig vor.

Allgemeine Bedingungen der Methodenentwicklung kommen als weitere Aspekte einer Programmevaluierung hinzu. Je nach Funktion der Evaluierung und den Erwartungen des Programm-Managements bzw. der Auftraggeber an die Evaluierung werden die Aufgabenstellungen der Evaluierung sehr unterschiedlich gesehen. Durch die Auftragsvergabe seitens des Landes Schleswig-Holstein - vorhergehende Evaluierungen wurden von der Kommission vergeben - und deren Kofinanzierung hat sich das Interesse der Programmbegleitung an praxisorientierten Verbesserungsvorschlägen für ihr Programm erheblich gesteigert. Dabei wird angestrebt, die Ergebnisse der Evaluierung zur Verbesserung des Programms zu nutzen. Die Erreichung dieses Zieles hängt unter anderem von der Akzeptanz der gewählten Vorgehensweise für die Zwischenbewertung ab. Die Akzeptanz der Vorgehensweise durch die beteiligte Administration erleichtert darüber hinaus die Gewinnung von Informationen im Verlauf der Evaluierung. Die eigentliche Herausforderung bei der Entwicklung einer Vorgehensweise bestand also darin, sowohl den allgemeinen (Verordnungen, EPPD), speziellen (Vertrag, Zeitrahmen) und theoretischen Kriterien (Akzeptanzsicherung) gerecht zu werden.

Aus der Aufgabenbeschreibung für die Zwischenbewertung ließen sich folgende Grundfragen ableiten:

1. Lassen die Zwischenergebnisse des Programms die Erreichung der angestrebten Ziele erwarten?
2. Welche Probleme traten auf, die die Wirksamkeit der Fondsinterventionen beeinträchtigt haben?
3. Welche Anpassungen des Programms sind unter diesen Umständen erforderlich?
4. Welche Wirkungen weist das Programm insbesondere im Hinblick auf Beschäftigung und Strukturverbesserung auf?

5. In welchem Maße haben die Strukturfonds zur Verringerung des festgestellten Entwicklungsrückstandes im Ziel-5b-Gebiet beigetragen?

Zur Beantwortung dieser Fragen standen verschiedene Quellen zur Verfügung. Diese setzen sich auf der einen Seite aus quantitativen Informationen wie offiziellen Regionalstatistiken und Förderstatistiken und auf der anderen Seite aus qualitativen Informationen wie dem Programmdokument und dem Jahresbericht über die Durchführung des Programms im Jahr 1995 zusammen. Darüber hinaus ist es bei der konkreten Bewertung des Programms wichtig, die nicht schriftlich fixierten Erfahrungen und Kenntnisse von Personen einzubeziehen, die z.B. als Fördermittelempfänger oder zuständige Referenten für eine Maßnahme in der einen oder anderen Weise mit dem Programm in Kontakt gekommen sind. Letztere Quellen sind besonders im Hinblick auf die Aktualität ihrer Aussagen als sehr wichtig für die Bewertung einzuschätzen.

Aus eigenen Erfahrungen mit der Bewertung von regionalen Entwicklungsprogrammen läßt sich ableiten, daß es nicht eine einzig und allein geeignete Methode zur Evaluierung der Ziel-5b-Politik[1] gibt. Diese Erkenntnis deckt sich auch mit Aussagen aus der allgemeinen Evaluierungsforschung[2] und mit Bewertungserfahrungen aus anderen Bereichen der EU-Strukturpolitik[3]. Für die Zwischenbewertung der Ziel-5b-Politik kam es deshalb darauf an, eine Vorgehensweise zu entwickeln, die durch einen geeigneten Methodenmix möglichst viele Stärken der in der Literatur genannten Methoden verbindet und deren Schwächen so weit wie möglich ausschließt und damit den oben genannten An-

---

1 Vgl. u.a. Tissen, G., Schrader, H.: Vorausbeurteilung der Dokumente der Programmplanung (1994-1999) für das Ziel-5b-Gebiet Saarland. Schlußbericht für die GD VI der EU-Kommission. Braunschweig 15.9.1994. Grajewski, R., Plankl, R., Schrader, H. et al.: Expost-evaluation study for Objective-5b-Region Bayern. Final Report. Braunschweig 15.3.1995. Guth, M., Haug, K., Tissen, G. et al.: Evaluation of the impacts of the structural policies on the economic and social cohesion of the Union: Germany. Final Report to DG XVI of the European Commission. Mülheim an der Ruhr 9/1996.

2 Kaufmann, F., Strohmeier, K. Evaluation as Meaningful Social Research. In: Levine, R., Solomon, M., Hellstern, G. et al. (Hrsg.): Evaluation Research and Practice. Beverly Hills 1981. S. 149-167.

3 Frankenfeld, P., Wildner, M., Frede, A. Wandel der Instrumente - Wandel der Bewertungen! Evaluierungen von bremischen Landes-EU-Programmen in der regionalen Strukturpolitik. *BAW-Monatsbericht* (1995) 4. S. 1-15.

forderungen von Seiten der Verordnungen, des EPPD, des Vertrages, des Zeitrahmens und der Akzeptanz gerecht wird.

1.2 Vorgehensweise

Vor dem Hintergrund der vielen denkbaren und letztlich nicht allen Bewertungserfordernissen entsprechenden Vorgehensweisen wurde ein Rahmen entwickelt, der die Einbeziehung verschiedener Methoden oder Teile davon zuläßt und gleichzeitig durch den breit angelegten Rahmen die Akzeptanz der Ergebnisse zu sichern versucht. Dieser ZEFA genannte Rahmen setzt sich aus vier Teilbereichen zusammen, in denen wiederum verschiedene Methoden je nach ihren Stärken und Schwächen eingesetzt werden. Dabei ist der Name ZEFA von den Hauptkomponenten der einzelnen Bereiche abgeleitet worden (vgl. Abbildung 1.1)[4].

Abbildung 1.1: Teilbereiche der Evaluierung in ZEFA

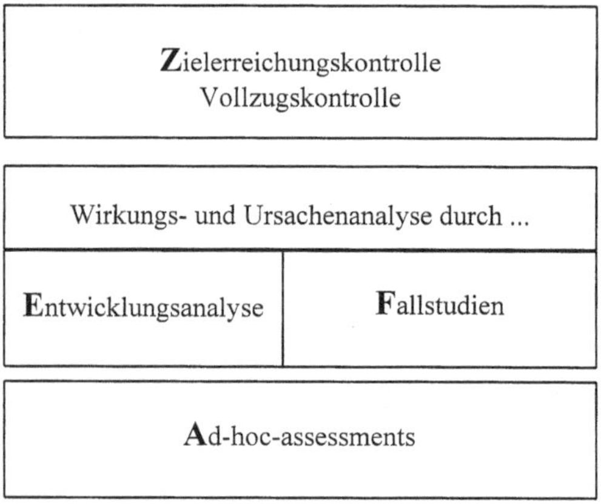

Quelle: Eigene Darstellung

1.2.1 Zielerreichungs- und Vollzugskontrolle

Der erste Teilbereich ist die Zielerreichungs- und Vollzugskontrolle. Die Informationen stammen überwiegend aus den durch den Begleitausschuß gesammel-

---

4 Tissen, G. Ein Ansatz zur Zwischenbewertung der Ziel-5b-Politik. *Agrarwirtschaft* 46 (1997) 6, S. 225-232.

ten finanziellen und physischen Indikatoren sowie den Jahresberichten. Die Vollzugskontrolle widmet sich dabei hauptsächlich den finanziellen Indikatoren und mißt den Auszahlungs- und Bewilligungsstand auf verschiedenen Ebenen (Programm, Unterprogramm, Maßnahme). Die Zielerreichungskontrolle analysiert im Rahmen der Zwischenbewertung die Frage, ob sich die Erwartungen bezüglich der physischen Indikatoren bisher erfüllt haben. Die Frage der Zielerreichung des gesamten Programms kann zum Zeitpunkt der jetzigen Zwischenbewertung noch nicht geklärt werden, da der Abstand zum Programmstart für die Messung struktureller und dauerhafter Wirkungen auf aggregierter Ebene noch nicht ausreicht. Aus diesem Grunde nimmt sie einen ähnlichen Stellenwert ein wie die Vollzugskontrolle und wurde daher mit ihr in einem Teilbereich zusammengefaßt.

Aufgabe dieses ersten Teilbereiches ist es, einen Überblick über die Umsetzung und die tatsächliche Realisierung des Programmes zu bekommen. Er öffnet damit den Blick für erste Detailprobleme einzelner Maßnahmen und des Programms insgesamt, ohne jedoch die Ursachen der Probleme und die weiterreichenden Wirkungen des Programms zu ergründen. Jedoch lassen sich auf dieser Basis Schwerpunkte für das weitere Vorgehen bei der Zwischenbewertung setzen.

1.2.2 Entwicklungsanalyse

Der zweite Teilbereich ist die Entwicklungsanalyse. Ziel dieses Teilbereiches ist es, die externen Rahmenbedingungen auf etwaige Veränderungen zu überprüfen, die für die Umsetzung des Programms Folgen haben könnten oder bereits hatten. Dabei ist es aufgrund der für Strukturprogramme kurzen Laufzeit nicht notwendig, eine erneute Stärken-Schwächen-Analyse durchzuführen. Jedoch stützt sich der Teilbereich auf die bereits vorliegende Analyse der sozioökonomischen Situation sowie die Stärken-Schwächen-Analyse im Programmplanungsdokument und in der Ex-ante Bewertung[5]. Unter Verwendung von regionalen Sekundärstatistiken werden die Daten fortgeschrieben und daraufhin überprüft, ob sich seit der Aufstellung des Programms die Rahmenbe-

---

5 Schrader, H., Plankl, R. Vorausbeurteilung der Dokumente der Programmplanung (1994-1999) für das Ziel-5b-Gebiet Schleswig-Holstein. Schlußbericht für die GD VI. Braunschweig 15.9.1994.

dingungen so geändert haben, daß eine Anpassung des Programms notwendig ist. Zweckmäßigerweise geschieht diese Analyse überwiegend auf der Grundlage von Zeitreihen und interregionalen Vergleichen.

1.2.3 Fallstudien

Der dritte Teilbereich von ZEFA sind Fallstudien. Ziel dieser Fallstudien ist eine tiefergehende Ursachen- und Wirkungsanalyse einiger Teile des Programms, in der Regel einzelner Maßnahmen, die für jedes Programm in Zusammenarbeit mit dem Auftraggeber der Evaluierung festgelegt wurden. Die Auswahl der Maßnahme "Dorferneuerung" orientierte sich dabei an dem Umfang der eingesetzten öffentlichen Mittel, einer für das Gesamtprogramm typischen Umsetzung der Förderung und einer besonders schwierigen quantitativen Informationsgewinnung auf aggregierter Ebene. Die Gestaltung der Fallstudien hängt im einzelnen sehr von der Art der Maßnahme und den Umsetzungsmodalitäten ab. Informationsgrundlagen sind neben Förderrichtlinien und -statistiken in der Regel Befragungen von Fördermittelempfängern und Personen aus der beteiligten Verwaltung. Die Befragungen werden in mündlicher und schriftlicher Form mittels Fragebogen oder mit einem Leitfaden durchgeführt.

1.2.4 Ad-hoc Assessments

Im Rahmen von Interviews mit Beteiligten an der Programmumsetzung und Akteuren aus der Region werden weitere Einzelaspekte in die Evaluierung eingebunden. Dabei nehmen die Experten mit Hilfe eines Interviewleitfadens ein Ad-hoc-Assessment einzelner Elemente des Programms vor. Die Schwächen expertengestützter Verfahren der Evaluierung werden durch die Wahl des Zeitpunktes, und zwar nach Abschluß der ersten drei Teilbereiche, zumindest zum Teil reduziert, da der Evaluierer dann schon tiefere objektivierbare Erkenntnisse über das Programm gewonnen hat.

1.3 Darstellung des Ziel-5b-Programms Schleswig-Holstein

Das Ziel-5b-Programm des Landes Schleswig-Holstein, das am 23.12.1994 mit einer Laufzeit bis Ende 1999 genehmigt wurde, setzt sich aus drei Unterprogrammen zusammen. Diese Unterprogramme wurden entlang der Zuständigkeitsgrenzen der beteiligten Strukturfonds festgelegt. Das Unterprogramm I soll die Diversifizierung, Neuausrichtung und Anpassung des Agrarbereichs fördern. Die Kofinanzierung wird durch den EAGFL, Abteilung Ausrichtung, wahrgenommen. Das Unterprogramm gliedert sich in vier Förderschwerpunkte. Die integrierte Dorfentwicklung faßt insgesamt sieben Maßnahmen zusammen, von denen, gemessen am Mittelvolumen, Dorferneuerung, Abwasserbeseitigung, Flurbereinigung und ländlicher Wegebau am wichtigsten sind. Der Förderschwerpunkt „Anpassung der land- und gartenbaulichen Produktion und Vermarktung" faßt zwei Maßnahmen zusammen, die eine Diversifizierung des Anbaus und eine Förderung der Vermarktung ökologischer Agrarprodukte zum Ziel haben. Der dritte Förderschwerpunkt beinhaltet den biologischen Naturschutz und den Grunderwerb zur Neuwaldbildung. Die Technische Hilfe komplettiert dieses Unterprogramm. Das Unterprogramm II „Entwicklung und Diversifizierung der außerlandwirtschaftlichen Sektoren" setzt sich aus zwei Maßnahmen zusammen. Die erste Maßnahme wird nach den Regelungen des schleswig-holsteinischen Regionalprogramms durchgeführt. Die zweite Maßnahme "Technische Hilfe" unterstützt die Abwicklung, Begleitung und Bewertung dieses Unterprogramms. Das Unterprogramm III widmet sich der Entwicklung menschlicher Ressourcen. Auch hier werden zwei Förderschwerpunkte unterschieden. Im ersten sind die eigentlichen Maßnahmen zusammengefaßt. Die beiden umfangreichsten Maßnahmen sind Qualifizierungsprojekte einschließlich Serviceagenturen und die Qualifizierung im Bereich Handel, Beherbergung und sonstiger Bereiche. Unterstützt werden die Maßnahmen durch die technische Hilfe.

Die Koordination des Ziel-5b-Programms liegt beim Ministerium für ländliche Räume (MLR) des Landes. Die Zuständigkeit für die Umsetzung liegt beim MLR für das Unterprogramm I, beim Wirtschaftsministerium für das Unterprogramm II und beim Arbeitsministerium für das Unterprogramm III. Auf Maßnahmenebene sind noch weitere Ministerien an der Umsetzung des Programms beteiligt, so z.B. das Umweltministerium an der Maßnahme I/3.1 (Biologischer Naturschutz) oder das Ministerium für Frauen an der Maßnahme III/1.7 (Berufsbezogene Mädchenarbeit im ländlichen Raum).

Eine Übersicht über das Gesamtprogramm bietet Abbildung 1.2. Im weiteren wird aus Gründen der einfacheren Darstellung auf die Ziffern der einzelnen Maßnahmen zurückgegriffen.

Abbildung 1.2: Struktur des Ziel-5b-Programms Schleswig-Holstein

Operationelles Programm Ziel 5b Schleswig-Holstein

I. Diversifizierung, Neuausrichtung und Anpassung des Agrarbereichs

- **1. Integrierte Dorfentwicklung**
  - 1.1 Dorferneuerung
  - 1.2 Urlaub auf dem Bauernhof
  - 1.3 Neubau von zentralen öffentlichen Abwasserbeseitigungsanlagen in ländlichen Gemeinden
  - 1.4 Agrarstrukturelle Vorplanung
  - 1.5 Flurbereinigung
  - 1.6 Warfgrundsanierung
  - 1.7 Verbesserung des land- und forstwirtschaftlichen Wegenetzes
- **2. Anpassung der land- und gartenbaulichen Produktion und Vermarktung**
  - 2.1 Anpassung der land- und gartenbaulichen Produktion an die Erfordernisse des Marktes
  - 2.2 Verbesserung der Vermarktung ökologisch erzeugter landwirtschaftlicher Produkte
- **3. Erhaltung des ländlichen Raumes durch landschaftspflegerische Maßnahmen**
  - 3.1 Biologischer Naturschutz
  - 3.2 Grunderwerb für Neuwaldbildung in strukturschwachen ländlichen Gebieten
- **4. Technische Hilfe**

II. Entwicklung und Diversifizierung der außerlandwirtschaftlichen Sektoren

- **1. Vorhaben zur Verbesserung der wirtschaftsnahen Infrastruktur und der Standortvoraussetzungen für die wirtschaftliche Entwicklung im Programmgebiet**
- **2. Technische Hilfe**

III. Entwicklung menschlicher Ressourcen

- **1. Förderung von Beschäftigungswachstum und Stabilität**
  - 1.1 Qualifizierungsprojekte einschließlich Serviceagenturen
  - 1.2 Qualifizierung im Bereich Handel, Beherbergung und sonstiger Bereiche
  - 1.3 Integration von Arbeitslosen
  - 1.4 Qualifizierung von Tagesmüttern im ländlichen Raum
  - 1.5 Qualifizierung für Betriebshilfsdienste
  - 1.6 Weiterbildung in ländlich strukturierten Regionen
  - 1.7 Berufsbezogene Mädchenarbeit im ländlichen Raum
  - 1.8 Integration von Aussiedlern und ausländischen Flüchtlingen
- **2. Technische Hilfe**

Quelle: Darstellung in Anlehnung an das EPPD des Landes Schleswig-Holstein

Die ursprünglichen finanziellen Planungen des operationellen Programms bis zum 31.12.1996 sind Tabelle 1.1 zu entnehmen. Die Angaben leiten sich aus den jährlich differenzierten Planungen im EPPD für die einzelnen Maßnahmen ab. Umschichtungen zwischen Maßnahmen wurden in dieser Darstellung noch nicht berücksichtigt.

Tabelle 1.1: Ursprünglich geplante Ausgaben bis zum 31.12.1996

Maßnahme	Gesamtkosten	Öffentliche Mittel				Private
		insgesamt	Strukturfonds		Bund/Land u.a.	
	MECU	MECU	MECU	% v. (1)	MECU	MECU
	(1)	(2)	(3)	(4)	(5)	(6)
I/1.1	15,042	9,610	3,844	26	5,766	5,432
I/1.2	0,198	0,178	0,071	36	0,107	0,020
I/1.3	6,509	6,509	2,604	40	3,905	0,000
I/1.4	0,177	0,177	0,071	40	0,106	0,000
I/1.5	15,228	13,846	5,538	36	8,308	1,382
I/1.6	2,959	2,959	1,184	40	1,775	0,000
I/1.7	s. I/1.5	s. I/1.5	s. I/1.5	s. I/1.5	s. I/1.5	s. I/1.5
I/2.1	0,566	0,198	0,079	14	0,119	0,368
I/2.2	0,928	0,325	0,130	14	0,195	0,603
I/3.1	3,551	3,551	1,421	40	2,130	0,000
I/3.2	1,419	1,419	0,567	40	0,852	0,000
I/4	0,273	0,273	0,109	40	0,164	0,000
I (EAGFL)	**46,850**	**39,045**	**15,618**	**33**	**23,427**	**7,805**
II/1	38,882	38,882	15,553	40	23,329	0,000
II/2	0,177	0,177	0,070	40	0,107	0,000
II (EFRE)	**39,059**	**39,059**	**15,623**	**40**	**23,436**	**0,000**
III/1.1	9,478	9,478	3,916	41	5,563	0,000
III/1.2	6,533	6,533	2,856	44	3,677	0,000
III/1.3	0,935	0,935	0,408	44	0,527	0,000
III/1.4	0,029	0,020	0,006	21	0,015	0,008
III/1.5	0,097	0,097	0,044	45	0,054	0,000
III/1.6	1,119	1,119	0,407	36	0,712	0,000
III/1.7	0,035	0,035	0,016	45	0,020	0,000
III/1.8	0,069	0,069	0,031	45	0,038	0,000
III/2	0,285	0,285	0,128	45	0,156	0,000
III (ESF)	**18,581**	**18,572**	**7,811**	**42**	**10,761**	**0,008**
5b gesamt	**104,490**	**96,676**	**39,052**	**37**	**57,624**	**7,813**

Quelle:EPPD

Die geplanten öffentlichen Mittel teilen sich in etwa im Verhältnis 40/40/20 auf die Unterprogramme des EAGFL, EFRE und ESF auf. Gemessen an diesen öffentlichen Mitteln sind die Maßnahme II/1 (Regionalprogramm SH), Flurbereinigung inklusive Wegebau (I/1.5), Dorferneuerung (I/1.1), Qualifizierung und Serviceagenturen (III/1.1), Qualifizierung in Handel und Dienstleistung (III/1.2), Abwasserbeseitigung (I/1.3), biologischer Naturschutz (I/3.1) und

Warfgrundsanierung (I/1.6) die wichtigsten Maßnahmen. Für diese Maßnahmen waren bis Ende 1996 ca. 91,365 MILL. ECU öffentlicher Mittel eingeplant. Das entspricht einem Anteil am Gesamtprogramm von 96 %.

2 Analyse der sozioökonomischen Entwicklung

2.1 Einleitung

Die Analyse der regionalen Entwicklung dient im Kern der Überprüfung, ob sich seit Aufstellung des Programms externe Rahmenbedingungen so stark verändert haben, daß eine Anpassung des Programms in Teilbereichen notwendig oder empfehlenswert erscheint.

Eine ausführliche Analyse der regionalen Situation zu Beginn der Förderung und der Entwicklung bis zum Beginn des Programms ist in der Ex-ante Bewertung des einheitlichen Programmplanungsdokumentes vorgenommen worden.[1] Diese Analyse wird als Grundlage herangezogen. Neuere Fakten über die derzeitige Situation, soweit zeitnah verfügbar, sind zum Teil der Evaluierung des Regionalprogramms[2] entnommen und werden durch amtliche Statistiken und weitere Quellen ergänzt.

Als eine generelle Schwierigkeit der regionalen Analyse ergab sich wie in vielen anderen Studien über die Ziel-5b-Politik das Problem, daß die Ziel-5b-Gebiete nicht auf Kreisebene, auf der noch relativ detaillierte Regionaldaten vorliegen, sondern unterhalb der Kreisebene abgegrenzt wurden. Auf Gemeindeebene liegen nur recht wenige und meist für die Förderpolitik nicht relevante Daten vor. Für Schleswig-Holstein ist dieses Abgrenzungsproblem nicht so groß, da die Kreise Nordfriesland, Dithmarschen und Schleswig-Flensburg mit Ausnahme der Wohngebiete der Kreisstädte Husum, Heide und Schleswig in Gänze zum Ziel-5b-Gebiet gehören. Nur der Landkreis Rendsburg-Eckernförde ist lediglich zum Teil im Ziel-5b-Fördergebiet. In der folgenden Analyse wurden die Kreiswerte der vier Ziel-5b-Kreise für die Untersuchungen zugrunde gelegt. Dabei muß wegen der fehlenden Übereinstimmung der Ziel-5b-Gebietskulisse mit den Landkreisen eine gewisse Ungenauigkeit in Kauf genommen werden.

---

1 Schrader, H., Plankl, R. Vorausbeurteilung der Dokumente der Programmplanung (1994-1999) für das Ziel-5b-Gebiet Schleswig-Holstein. Schlußbericht für die GD VI. Braunschweig 15.9.1994.

2 Gornig, M., Toepel, K., (1997) Evaluierung wettbewerbsorientierter Fördermodelle - Das Regionalprogramm für strukturschwache ländliche Räume Schleswig-Holstein. Sonderhefte des DIW (in Druck).

Die aktuelle Datenverfügbarkeit ist wegen der normalerweise recht späten Verfügbarkeit von regionalstatistischen Daten eingeschränkt. Ein großer Teil von verfügbaren statistischen Informationen steht bis zum Jahr 1994 zur Verfügung. Dennoch ist die Analyse der Entwicklungen seit Aufstellung des einheitlichen Programmplanungsdokumentes sinnvoll, da sich abzeichnende Entwicklungen unmittelbar vor dem Zeitraum der Förderung zu einer anderen Planungsgrundlage hätten führen können. Eine Änderung des Förderprogramms könnte aus diesem Grunde empfehlenswert erscheinen.

2.2 Entwicklung sozioökonomischer Merkmale im Ziel-5b-Gebiet

2.2.1 Bevölkerung

Die Ziel-5b-Kreise nehmen etwa 50% der Landesfläche ein. Ihre Einwohnerzahl stieg von 1990 bis 1994 um über 20.000. Der Bevölkerungsanstieg liegt prozentual im Landes- und Bundestrend. Die Bevölkerungsdichte ist nach wie vor weit unter Landes- und Bundesdurchschnitt (vgl. Tabelle 2.1).

Tabelle 2.1: Die Fläche, Bevölkerungsdichte und die Entwicklung der Einwohnerzahlen in den Ziel-5b-Kreisen im Vergleich zu Land und Bund

	Fläche	Einwohner in 1.000				Bevölkerungsdichte in E./km²
Region	1994	1990	1992	1993	1994	1994
Ziel-5b-Kreise	7.711	710	721	727	732	95
Schleswig-Holstein	15.738	2.626	2.680	2.695	2.708	172
Deutschland	356.974	80.275*	80.975	81.338	81.539	228

* Ersatzweise Angabe für 1991.

Quelle: Statistisches Bundesamt/Statistische Landesämter

Der Zuwachs der Bevölkerung ist, wie sich aus Tabelle 2.2 ergibt, auf einen positiven Wanderungssaldo zurückzuführen. Dieser Saldo lag in den Ziel-5b-Kreisen in den Jahren 1993 und 1994 sogar über dem Landesdurchschnitt. Von Abwanderung aus den Ziel-5b-Gebieten kann gemessen an diesen Zahlen also keine Rede sein.

Auch der Saldo der Zu- und Fortzüge von Erwerbspersonen lag 1993 mit 7,6‰ deutlich über dem Landesdurchschnitt von 4,3‰ und dem Bundesdurchschnitt von 1,7‰.

Tabelle 2.2: Wanderungssaldo über die Kreisgrenzen der Ziel-5b-Kreise im Vergleich zu Land und Bund

	Wanderungssaldo pro 1000 E. über die Kreisgrenzen			
Region	1990	1992	1993	1994
Ziel-5b-Kreise	10,2	9,4	8,3	8,2
Schleswig-Holstein	12,9	12,2	6,6	6,2
Deutschland	7,5*	9,7	5,7	3,9

* Ersatzweise Wert für 1991.

Quelle: Statistisches Bundesamt/Statistische Landesämter

2.2.2 Wirtschaftliche Kennziffern

Zahlen über die Bruttowertschöpfung auf Kreisebene liegen nur bis zum Jahr 1992 vor. Planungsgrundlage für das EPPD waren jedoch die Zahlen von 1990, so daß man neuere Entwicklungen ablesen kann. Dabei zeigt sich, daß sich der Abstand der Bruttowertschöpfung pro Einwohner zwischen Ziel-5b-Kreisen und Landesdurchschnitt nach einer Verringerung im Jahr 1990 wieder leicht erhöht hat. 1992 wurde in den Ziel-5b-Kreisen eine Bruttowertschöpfung pro Einwohner erzielt, die etwa 87% des Landesdurchschnitts entsprach. Zwar läßt sich über die Betrachtung der Jahre kein Trend ausmachen, jedoch sollte die Entwicklung der Wertschöpfung pro Einwohner im weiteren Verlauf des Programms beobachtet werden (vgl. Tabelle 2.3).

Tabelle 2.3: Entwicklung der Bruttowertschöpfung pro Einwohner von 1988 bis 1992 in den Ziel-5b-Kreisen im Vergleich zu Land und Bund

	Bruttowertschöpfung pro Einwohner in 1000 DM		
Region	1988	1990	1992
Ziel-5b-Kreise	24,5	28,4	30,5
Schleswig-Holstein	27,6	30,7	35,0
Deutschland	33,2*	32,6**	36,7

* Ersatzweise Wert von 1989 (früheres Bundesgebiet).
** Ersatzweise Wert von 1991.

Quelle: Statistisches Bundesamt/Statistische Landesämter

Betrachtet man die Anteile der Sektoren an der Bruttowertschöpfung und deren Entwicklung von 1988 bis 1992, so läßt sich feststellen, daß sich die Situation seit 1988 nicht fundamental geändert hat. Die Ziel-5b-Kreise weisen einen hohen Anteil landwirtschaftlicher Bruttowertschöpfung auf, im produzierenden Gewerbe sind die Anteile vergleichbar dem Landesdurchschnitt, Handel und Verkehr sowie privaten Dienstleistungen liegen in ihren Anteilen unter dem Landes- und Bundesdurchschnitt, der sogenannte Staatssektor ist in den Ziel-5b-Kreisen überrepräsentiert. Die Veränderungen von 1988 bis 1992 zeigen auch eine nahezu parallele Entwicklung zur Landesebene. Es liegt also in der Veränderung der Wertschöpfungsanteile zumindest bis 1992 keine Sonderentwicklung in den Ziel-5b-Kreisen vor (vgl. Tabelle 2.4).

Tabelle 2.4: Entwicklung der Anteile der Bruttowertschöpfung der Sektoren in den Ziel-5b-Kreisen im Vergleich zu Land und Bund

	Anteil der Sektoren an der Bruttowertschöpfung				
Region	Landwirtschaft	Produzierendes Gewerbe	Handel und Verkehr	Dienstleistungen	Staat, priv. Haushalte, Org. ohne Erwerbszweck
			1988		
Ziel-5b-Kreise	8,7	31,2	14,1	24,3	21,6
Schleswig-Holstein	4,1	32,7	16,0	28,0	19,2
Deutschland*	1,8	42,2	15,1	31,1	14,2
			1990		
Ziel-5b-Kreise	5,5	36,3	14,1	24,5	19,7
Schleswig-Holstein	2,7	33,6	16,4	29,1	18,2
Deutschland**	1,5	40,9	15,8	31,9	14,6
			1992		
Ziel-5b-Kreise	5,0	30,4	16,0	28,1	20,5
Schleswig-Holstein	2,4	30,9	17,7	31,1	18,0
Deutschland	1,3	37,5	14,7	32,2	14,2

* 1988 = 1989 (früheres Bundesgebiet)
** 1990 =1991

Quelle: Statistisches Bundesamt/Statistische Landesämter

2.2.3 Beschäftigung, Erwerbstätigkeit, Arbeitslosigkeit

Ein Vergleich der Anteile der Sektoren an den Erwerbstätigen für das Jahr 1993 unterstreicht nochmals die Situation, wie sie im EPPD gekennzeichnet worden ist. Weiterhin ist der Anteil der landwirtschaftlich Erwerbstätigen mit 7,5% im Vergleich zum Landes- und Bundesdurchschnitt sehr hoch. Der Anteil der Erwerbstätigen im produzierenden Gewerbe liegt gegenüber dem Bundesdurchschnitt um 10 Prozentpunkte, gegenüber dem Landesdurchschnitt immerhin noch um 4,5 Prozentpunkte zurück. Auch die Erwerbstätigenanteile der Sektoren Handel und Verkehr sowie Dienstleistungen liegen unter dem Landes- und Bundesdurchschnitt. Besonders auffällig ist der hohe Anteil der Erwerbstätigen im sogenannten Staatssektor. Hier liegt der Anteil um 7,7 Prozentpunkte über dem Bundesdurchschnitt und immerhin noch 4,8 Prozentpunkte über dem Landesdurchschnitt (vgl. Tabelle 2.5). Dies ist besonders vor dem Hintergrund der Konsolidierung der öffentlichen Haushalte im Hinblick auf die Währungsunion äußerst problematisch, da besonders dieser Anteil in nächster Zeit weiter reduziert werden wird.

Tabelle 2.5: Anteile der Sektoren an den Erwerbstätigen in den Ziel-5b-Kreisen im Vergleich zu Land und Bund

Region	Anteil der Sektoren an den Erwerbstätigen				
	Landwirtschaft	Produzierendes Gewerbe	Handel und Verkehr	Dienstleistungen	Staat, priv. Haushalte, Org. ohne Erwerbszweck
	1993				
Ziel-5b-Kreise	7,5	26,4	18,7	18,7	28,7
Schleswig-Holstein	4,2	30,9	21,0	20,0	23,9
Deutschland	3,1	36,1	19,5	20,2	21,0

Quelle: Statistisches Bundesamt/Statistische Landesämter

Wenn man die Entwicklung der Zahl der sozialversicherungspflichtig Beschäftigten auf Ebene der Ziel-5b-Kreise und des Landes betrachtet, hat sich der von 1991 auf 1992 aufgetretene Beschäftigungsgewinn zwar wieder verringert, jedoch hat sich der bestehende Abstand zwischen den Ziel-5b-Kreisen und dem Landesdurchschnitt bis in das Jahr 1994 geringfügig verringert (vgl. Tabelle 2.6). Dies ist, wie tiefergehende Analysen ergaben, besonders auf den stärkeren Zuwachs der Beschäftigten im Bausektor zurückzuführen.

Tabelle 2.6: Entwicklung der sozialversicherungspflichtig Beschäftigten in den Ziel-5b-Kreisen im Vergleich zum Landesdurchschnitt

Region	Sozialversicherungspflichtig Beschäftigte (1991 = 100)			
	1991	1992	1993	1994
Ziel-5b-Kreise	100,0	101,2	100,9	100,9
Schleswig-Holstein	100,0	102,0	101,1	100,2

Quelle: Statistisches Bundesamt/Statistische Landesämter

Eine der mit dem geringsten zeitlichen Abstand zur Verfügung stehenden Kennziffern der sozioökonomischen Lage ist die Arbeitslosenquote. Deren Entwicklung kann bis zum Dezember 1996 nachgezeichnet werden. An Abbildung 2.1 wird die starke saisonale Schwankung der Arbeitslosenquote deutlich, die auf die im Vergleich zu Bund und Land stärkere Bedeutung des Tourismus und der Bauwirtschaft in den Ziel-5b-Kreisen zurückzuführen ist. Es ergibt sich in den Sommermonaten dadurch eine temporäre Entlastung des Arbeitsmarktes. Dies hat sich in den letzten Jahren nicht geändert. Zwar ist in den Ziel-5b-Kreisen wie auch auf Landes- und Bundesebene ein Anstieg der Arbeitslosenquoten zu erkennen, dieser fällt in den Ziel-5b-Kreisen gemessen an den Jahresdurchschnitten geringer aus. Lag die jahresdurchschnittliche Quote 1992 noch um 0,7 Prozentpunkte über dem Bundesdurchschnitt und entsprach in etwa dem Landesdurchschnitt, so lag sie im Jahresdurchschnitt 1994 und 1995 jeweils 0,5 Prozentpunkte unter dem Bundes- und 0,3 Prozentpunkte unter dem Landesdurchschnitt. Dies scheint sich nach derzeitigen Erkenntnissen auch für das Jahr 1996 zu ergeben. Trotz dieser relativ günstigeren Entwicklungen gemessen am Landes- und Bundeswert bleibt festzuhalten, daß die durchschnittliche Arbeitslosenquote von 1992 bis 1995 im Jahresdurchschnitt von 7,3 auf 8,8% angestiegen ist. Eine Entlastung am Arbeitsmarkt war also nicht zu beobachten.

Abbildung 2.1: Entwicklung der Arbeitslosenquoten in den Ziel-5b-Kreisen im Vergleich zu Land und Bund (in %)

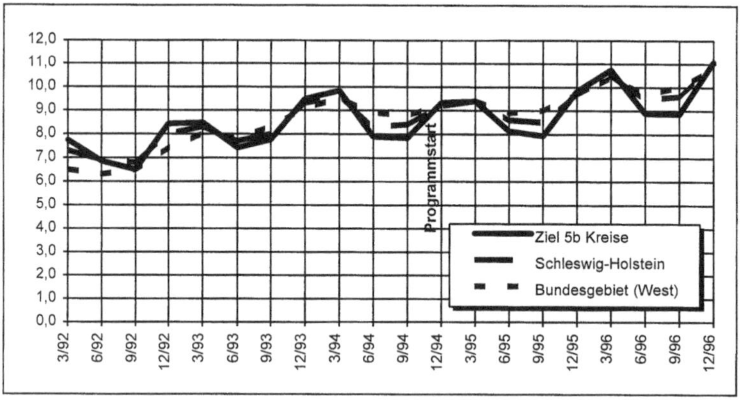

Quelle: Bundesanstalt für Arbeit, eigene Berechnungen

2.3 Besondere Ereignisse während der Programmumsetzung

Im Jahre 1995 wurde die Europäische Union um die Länder Österreich, Schweden und Finnland erweitert. Gehörte Schleswig-Holstein mit dem angrenzenden

Dänemark bislang zur Peripherie in der Europäischen Union, hat sich das mit dem Beitritt der beiden skandinavischen Länder geändert. Der Handel der übrigen Union mit diesen Ländern verstärkt sich durch diesen Beitritt und läßt erwarten, daß Schleswig-Holstein einen Teil dieser Aktivitäten durch seine geographisch bedingte Lage als Eingangspforte nutzen kann. Jedoch ist zur Zeit kaum die Wirkung dieser Entwicklungen auf die Ziel-5b-Region abzuschätzen.

2.4 Schlußfolgerungen für das Programm

Der Vergleich neuerer Zahlen mit den Zahlen, die dem EPPD auf der Datenbasis des Jahres 1992 zugrunde lagen, lassen folgende wichtige Veränderungen erkennen.

- Gemessen an der Bruttowertschöpfung je Einwohner nahm die Disparität zwischen den Ziel-5b-Kreisen und dem Landesdurchschnitt von 1990 bis 1992 wieder zu, nachdem sie von 1988 bis 1990 abgenommen hatte.
- Die Ziel-5b-Kreise weisen ab 1993 einen höheren positiven Wanderungssaldo der Bevölkerung und der Erwerbstätigen im Vergleich zum Landesdurchschnitt auf.
- Der Anstieg der sozialversicherungspflichtig Beschäftigten fiel von 1991 bis 1994 geringfügig höher aus als im Landesdurchschnitt.
- Die Arbeitslosigkeit ist seit 1992 angestiegen, wenngleich nicht in dem Maße wie im Landesdurchschnitt.
- Die starke saisonale Ausprägung der Arbeitslosenquote blieb bestehen.

Für das Programm insgesamt geben diese Änderungen keinen Anlaß für eine vollständige Umgestaltung. Vor dem Hintergrund der Änderungen der externen Rahmenbedingungen sollte jedoch einerseits geprüft werden, ob Teile des Programms, die mit der Abwanderung von Bevölkerung begründet wurden, modifiziert werden sollten. Auf der anderen Seite rechtfertigt der Anstieg der Arbeitslosenzahlen auch die stärkere Betonung direkt beschäftgungswirksamer Maßnahmen im Programm. Jedoch sollte aufgrund der starken saisonalen Ausprägung der Arbeitslosenquoten keine Konzentration auf die stark saisonabhängigen Segmente Tourismus und Bau vorgenommen werden, es sei denn eine Saison verlängernde Wirkung könnte damit erreicht werden. Ansonsten hat sich auch seit der Ex-ante Bewertung des Programms nichts Wesentliches geändert, das die Einschätzung widerlegen könnte, daß das Programm zur Problemlösung insgesamt geeignet ist.

3 Unterprogramm I: Diversifizierung, Neuausrichtung und Anpassung des Agrarbereichs

3.1 Einordnung in die Agrarstruktur- und Agrarumweltpolitik des Landes

Die Agrarstrukturpolitik des Landes wird im wesentlichen durch die klassischen Elemente der Gemeinschaftsaufgabe „Verbesserung der Agrarstruktur und des Küstenschutzes“ bestimmt. Diese Gemeinschaftsaufgabe läßt sich grob in die Bereiche einzelbetrieblicher, überbetrieblicher, Vermarktungs- und Umweltmaßnahmen unterteilen. Die einzelbetrieblichen Maßnahmen werden im Rahmen des Ziels 5a der Strukturfondspolitik kofinanziert. Maßnahmen, die zu einer Extensivierung der Bewirtschaftung führen sollen, werden im Rahmen der GAP-Reform aus der Abteilung Garantie des EAGFL finanziert. Wesentliche Elemente des Unterprogramms I (EAGFL) werden durch Mittel für überbetriebliche Maßnahmen der GAK kofinanziert. Dies trifft nicht für die Maßnahmen Infrastruktur für Ferien auf dem Bauernhof (I/1.2), Anpassung der land- und gartenbaulichen Produktion (I/2.1), Neuwaldbildung (I/3.2) und Technische Hilfe (I/4) zu. Im Rahmen der rechtlichen Grundlagen war bei den Maßnahmen Dorferneuerung (I/1.1), Warfgrundsanierung (I/1.6) und biologischer Naturschutz (I/3.1) auch die Kofinanzierung aus reinen Landesmitteln möglich.

Gemessen an den öffentlichen Mitteln des Unterprogramms werden ca. 95 % mit Mitteln der GAK kofinanziert. Diese Vorgehensweise garantiert eine hohe Kohärenz mit der entsprechenden Landespolitik.

3.2 Diskussion der Indikatoren

Sinn und Zweck von Indikatoren ist es, klare Informationen über komplexe Zusammenhänge zu liefern. Indikatoren sind somit die primären Instrumente zur Steuerung eines Programms. Bei der Darstellung von Indikatoren soll an dieser Stelle zwischen verschiedenen Indikatorenkategorien unterschieden werden.

Die **finanziellen Indikatoren** müssen für die Programmabwicklung allein schon aus haushaltsrechtlichen und aus Gründen der Rechnungslegung verwendet werden. Diese sollen deshalb nicht Gegenstand des Kapitels sein.

Vollzugsindikatoren bieten quantitative Informationen über die physische Realisierung einer Maßnahme, die von der Programmleitung beeinflußt werden können. Im Unterschied dazu geben **Ergebnisindikatoren** einen Überblick über die Akzeptanz der Maßnahme bei den Fördermittelempfängern. **Wirkungsindikatoren** sollen hingegen Aufschluß über die Folgen des Programms bei den Fördermittelempfängern und bei indirekt durch das Programm betroffenen Personen oder Unternehmen geben.[1]

3.2.1 Darstellung vorliegender Indikatoren

Ausgangsbasis für die weitere Betrachtung des Unterprogramms ist die Darstellung bereits vorliegender Indikatoren auf Maßnahmenebene. Dabei wird unterschieden, ob für die Indikatoren Wertangaben und quantifizierte Zielsetzungen in den Jahresberichten und im EPPD vorliegen oder nicht. Weiterhin wird eine Einstufung in die oben genannten Kategorien Vollzugs-, Ergebnis- und Wirkungsindikatoren vorgenommen.

Für das Unterprogramm des EAGFL stehen die in Tabelle 3.1 dargestellten Indikatoren zur Verfügung.

---

[1] Vorläufige Fassung eines MEANS-Handbuches: Developing quality indicators for the monitoring and evaluation of structural interventions. 1997. unveröffentlicht.

Tabelle 3.1: Indikatoren auf Maßnahmenebene des Unterprogramms I (EAGFL)

Maß-nahme	Indikator	Wert-angabe	Ziel-angabe	Art des Indikators*
I/1.1	• Zahl der Dörfer	☑	☑	V
	• Anzahl der geförderten Vorhaben	☑	☑	V/E
	• Anzahl umgenutzter ehemals landwirtschaftlich genutzter Bausubstanz	☑	☐	V/E
	• Anzahl der Projekte zur Förderung des kulturellen Erbes	☑	☐	V/E
	• Anzahl geschaffener Gemeinschaftseinrichtungen	☑	☐	V/E
	• Zahl der Vorhaben zur Stärkung der regionalen Strukturen	☑	☐	V/E
	• Zahl der Vorhaben zur Schaffung von Arbeitsplätzen	☑	☐	V/E
	• Zahl der Maßnahmen mit Umweltrelevanz	☑	☐	V/E
	• Zahl der Vorhaben zur Erhaltung der siedlungsstrukturellen Einheit	☑	☐	V/E
	• Zahl der Vorarbeiten zur Dorfentwicklung	☑	☐	V/E
I/1.2	• Anzahl der Bänke	☑	☐	V
	• Anzahl der Wegweiser	☑	☐	V
	• Anzahl der Infotafeln	☑	☐	V
	• Anzahl der Maßnahmen	☑	☑	V
I/1.3	• Zahl der Einwohner	☑	☑	V
	• Anzahl der Gemeinden	☑	☑	V
I/1.4	• Anzahl der Gemeinden	☐	☐	V
	• Anzahl der Vorhaben	☑	☑	V
	• Anzahl der Vorhaben für Dorferneuerung	☑	☐	V
	• Anzahl der Vorhaben für Biotopverbundsystem	☑	☐	V
	• Fläche in ha	☑	☑	V
I/1.5	• km Befestigung vorhandener Wege	☑	☐	V
	• km Wegebau mit Bindemitteln (Beton, Bitumen)	☑	☐	V
	• km Wegebau ohne Bindemittel	☑	☐	V
	• ha Flächenankauf (Naturschutz, Landschaftspflege in Flurbereinigung)	☑	☐	V
	• km Wegebau auf neuer Trasse	☑	☐	V
	• Zahl baulicher Vorhaben in Dorferneuerungsvorhaben (Träger Teilnehmergemeinschaft), öffentl.	☑	☐	V
	• km Knicks einschl. ebenerdige Pflanzungen	☑	☐	V
	• ha sonstige Einzelbiotope (z.B. Teiche, Tümpel, Wasserflächen)	☑	☐	V
	• ha ökologische Verbundsysteme (z.B. Uferrandstreifen, Sukzessionsflächen)	☑	☐	V
	• Zahl baulicher Vorhaben in Dorferneuerungsvorhaben (Träger Teilnehmergemeinschaft), private	☑	☐	V
	• ha Flächenpflanzungen	☐	☑	V
	• Zahl an Flurneuordnungsverfahren (mit baulichen Invest. und Flächenankäufen)	☑	☑	V
	• ha landschaftspflegerische Ausgleichsmaßnahmen	☑	☐	V
I/1.6	• Anzahl der geschützten Bewohner	☑	☑	V
	• Anzahl der geschützten Häuser	☑	☑	V
	• Anzahl der Maßnahmen	☑	☑	V
I/1.7	• Anzahl der beteiligten Gemeinden	☑	☐	V
	• km Wegebau auf neuer Trasse	☑	☐	V
	• ha landschaftspflegerische Ausgleichsmaßnahmen	☑	☐	V
	• km Befestigung vorhandener Wege	☑	☐	V
	• km Wegebau ohne Bindemittel	☑	☐	V
	• km Länge	☑	☐	V
	• km Wegebau mit Bindemitteln (Beton, Bitumen)	☑	☐	V
I/2.1	• Anzahl der Vorhaben	☐	☑	V
I/2.2	• Anzahl der Vorhaben	☐	☑	V/E
	• Errichtung von Verkaufsräumen und -theken	☐	☐	V/E
	• Erwerb von Aufbereitungsanlagen	☐	☐	V/E
	• Erwerb von Verpackungsanlagen	☐	☐	V/E
	• Schaffung von Kühlräumen und -möglichkeiten	☐	☐	V/E
	• Umbau/Neubau von Lagerungsmöglichkeiten	☐	☐	V/E
I/3.1	• ha Verbesserung ökologisch wertvoller Landschaftsteile	☑	☐	V
	• Zahl der Schwerpunkträume	☐	☑	S
	• km Knicks und Reihenpflanzungen	☑	☐	V
	• ha Flächenkäufe	☑	☐	V
	• Zahl angelegter Biotope	☑	☐	V
	• Zahl von Flurneuordnungen im Sinne des Naturschutzes	☑	☐	V
I/3.2	• ha Flächenankauf für Neuwaldbildung	☑	☑	V

* V: Vollzugsindikator, E: Ergebnisindikator, S: Sonstige quantitative Angaben

Quelle: EPPD, Jahresbericht 1995 und Angaben des MLR.

Bei der Umsetzung des Unterprogramms I (EAGFL) wird eine Vielzahl von Indikatoren gesammelt. Die Anzahl variiert zwischen den Maßnahmen erheblich. Inwieweit die 58 Indikatoren tatsächlich ein geeignetes und nutzbares Instrument zur Programmsteuerung darstellen, wird im folgenden weiter untersucht.

3.2.2 Beurteilung der Aussagefähigkeit der Indikatoren

Indikatoren sollen ein einfaches Abbild des komplexen Programms bieten. Sie sollten der Steuerung des Programms dienen und deshalb an den Zielen des Programms orientiert sein. Aus diesen Aufgaben von Indikatoren ergeben sich die Hauptbeurteilungskriterien für Indikatoren. Diese sind im einzelnen:

- Konsistenz der Indikatoren der Maßnahmenebene mit der Projektebene,
- die Normativität der Indikatoren,
- die Relevanz der Indikatoren für die jeweiligen Ziele,
- die Aktualität der Indikatoren und
- ihre tatsächliche Nutzung zur Steuerung des Programms.

Im Laufe dieser Zwischenbewertung zeigte sich, daß teilweise Indikatorwerte, die dem Begleitausschuß berichtet wurden, sich nicht aus den Angaben über einzelne Projekte reproduzieren ließen. Damit kann die Konsistenz zwischen der in den Berichten angegebenen Indikatoren nicht durchgehend als gegeben angenommen werden. Die zur Erstellung der Jahresberichte praktizierte Vorgehensweise in Form einer aggregierten Abfrage der Indikatoren bei den jeweiligen Fachreferaten führte, wie sich auch im Rahmen der Fallstudie erwies, teilweise zu Inkonsistenzen.

Die Normativität der Indikatoren ist in den allermeisten Fällen nicht gegeben. Im Unterprogramm I wurden nur zwölf von insgesamt 58 Indikatoren ausgewiesen, die sowohl im Programmverlauf als auch im EPPD als Ziel quantifiziert worden sind. Den Indikatoren stehen in den meisten Fällen auch keine entsprechenden Zielrichtungen gegenüber, so daß auch hier die Normativität nur sehr eingeschränkt erfüllt ist.

Die Relevanz der Indikatoren für die jeweiligen Ziele der Maßnahmen und für die Hauptziele des Programms ist noch verbesserungsbedürftig. Weitere Vorschläge entsprechend den gesetzten Zielen werden im Kapitel 3.2.4 gemacht.

Die Aktualität der Indikatoren für die Verhandlungen im Begleitausschuß könnte durch die Nutzung EDV-gestützter Berichtssysteme oder zumindest der Nutzung von Meldeformularen, die mit der Antragstellung, Bewilligung bzw. Auszahlung ausgefüllt werden, wesentlich verbessert werden. Die Daten – insbesondere die über physische Indikatoren – waren bisher mit einem Abstand von ca. vier Monaten verfügbar. Das oben genannte Verfahren könnte den Abstand auf höchstens einen Monat verkürzen, so daß auf der Basis aktuellsten Datenmaterials entschieden werden könnte. Die Jahresberichte sollten aus Gründen der Vereinfachung der Berichterstattung und Begleitung der mittelfristigen Entwicklung des Programms und seiner Bestandteile beibehalten werden.

Die Protokolle der Begleitausschußsitzungen und auch die bis zum 31.12.96 vorgenommenen Änderungen und jeweiligen Änderungsbegründungen geben keinen Hinweis darauf, daß für konkrete Entscheidungen auf die Indikatoren der Jahresberichte zurückgegriffen worden ist. Hauptsteuerungsgröße der Programmumsetzung scheinen somit die finanziellen Indikatoren zu sein.

Für das Monitoring des Programms reichen Vollzugs- und Ergebnisindikatoren in der Regel aus. Jedoch muß auch in Betracht gezogen werden, daß finanzielle Indikatoren in der Differenzierung nach Bewilligung und Auszahlung zusammen mit Erfahrungswerten der physischen Realisierung unter Umständen ähnliche und ähnlich zuverlässige Informationen bezüglich der Realisierung der Maßnahmen zur Verfügung stellen könnten. Problematisch ist an den Indikatoren des EAGFL die mangelnde Differenzierung nach Projektarten, die unterhalb der Maßnahmen vollzogen werden. So gibt es für die Dorferneuerung mehr als 10 unterschiedliche Projektarten, die durch die gewählten Indikatoren nur mangelhaft abgebildet werden. Ähnliches ist auch bei anderen Maßnahmen zu beobachten. Auf der anderen Seite führt eine weitere Differenzierung der Indikatoren zu einem unverhältnismäßig hohen Aufwand bei der Sammlung der Informationen.

Angesichts der bisher vorliegenden Indikatoren, die sich auf den Vollzug und die Ergebnisse beziehen, wurden im Zuge der jetzigen Zwischenbewertung verstärkt mögliche Wirkungsindikatoren betrachtet und mit dem MLR erörtert.

3.2.3 Beurteilung der Verfügbarkeit der Indikatoren auf verschiedenen Ebenen des EPPD

Wie schon im vorhergehenden Kapitel deutlich wurde, wären bei einigen Maßnahmen des Programms weitere Differenzierungen der Indikatoren notwendig, um die Inhalte der Maßnahmen hinreichend abbilden zu können. Dies stößt jedoch an Grenzen. Die in der Tabellen 3.1 aufgeführten Indikatoren werden im jährlichen Rhythmus für den jeweiligen Jahresbericht erfaßt. Da kein EDV-gestütztes Informationssystem existiert, in dem alle Einzelprojekte einschließlich finanzieller und materieller Indikatoren erfaßt werden, kann ein Erfassen der Indikatorwerte zwischen den Jahresberichten nur über eine Abfrage bei den zuständigen Referaten der Landesressorts und deren nachgeordnete Dienststellen erfolgen, die die Informationen über die EU-kofinanzierten Projekte selbst erfassen.

Die Komplexität und Vielfältigkeit der Maßnahmen des Unterprogramms I führt zu Aggregationsproblemen. Dies wäre nur bei einer weitergehenden Erfassung von Ergebnis- und möglichst Wirkungsindikatoren zu vermeiden. Für das Unterprogramm I sollten vorwiegend jedoch nur Wirkungsindikatoren wie Beschäftigung und Einkommen als aggregierbare Größen in Frage kommen. Solche Indikatoren werden in Schleswig-Holstein im Zuge der Begleitung bisher nicht erfaßt.

3.2.4 Vorschläge zur Weiterentwicklung von Indikatoren und Indikatorensystem

Die Defizite an Ergebnis- und Wirkungsindikatoren im Unterprogramm des EAGFL insbesondere zu den Zielsetzungen der einzelnen Maßnahmen erforderten es, neue Vorschläge für Wirkungsindikatoren zu machen. Diese wurden aus den Zielen des EPPD abgeleitet und dem MLR vorgeschlagen. Im einzelnen sind die Vorschläge für die Maßnahmen des Unterprogramms I (EAGFL) in Tabelle 3.2 dargestellt. Im Zuge eines Rückmeldeverfahrens mit den zuständigen Referaten des MLR wurde auch der Erfaßbarkeit der Indikatoren Rechnung getragen. Darüber hinaus sollte allerdings im Interesse einer verhältnismäßigen

Arbeitsbelastung eine Überprüfung der Indikatoren stattfinden, die für die Programmsteuerung bisher irrelevant waren.

Tabelle 3.2: Vorschläge zur Weiterentwicklung der Indikatoren des Unterprogramms I (EAGFL)

Maß-nahme	Indikator
I/1.1	• Zu- und Abwanderung im Verlaufe der Dorferneuerung im betreffenden Ort • Regionalisierte und nach Handwerkszweigen differenzierte Auftragsvergabesumme • Bereitstellung von Arbeitsplätzen in Einrichtungen der Landesdorferneuerung • Teilnehmer an den Versammlungen und Arbeitskreisen im Verlauf der Verfahren • Entwicklung der Anzahl der Infrastruktureinrichtungen im Ort
I/1.2	• Zahl der Teilnehmer am Katalog im Verhältnis zu allen Anbietern für Urlaub auf dem Bauernhof • Zahl der angeschlossenen Anbieter an Buchungssystemen • Zahl der geförderten Infrastrukturprojekte • Zahl der Teilnehmer an Fortbildungsmaßnahmen
I/1.3	• Zahl neuer Baugrundstücke und Flächen insgesamt in m^2 • Regionalisierte und nach Handwerkszweigen differenzierte Auftragsvergabesumme • Zahl neuer Handwerks- und Gewerbebetriebe im Ort • Reduzierung des Schadstoffindex
I/1.4	• Differenzierung der Verfahren nach Zweck und Anzahl
I/1.5 und I/1.7	• Regionalisierte und nach Handwerkszweigen differenzierte Auftragsvergabesumme • Veränderung des Verhältnisses von Ökologieflächen zur Verfahrensfläche • Ausgebaute Wege im Verhältnis zur Länge der Wirtschaftswege im Kreis
I/1.6	• Einwohnerzahl der Warf und der Hallig und deren Veränderung • Zu- und Abwanderung im Verlaufe des Verfahrens • Einrichtungen des Fremdenverkehrs (z.B. Anzahl der Gastronomiebetriebe)
I/2.1	• Veränderung der Anbaustrukturen im Programmgebiet • Absatzveränderung von Betrieben • Selbstversorgung mit Kartoffeln • Schaffung von Arbeitsplätzen im Ernährungsgewerbe
I/3.1	• Steigerung des Flächenanteils ökologischer Flächen • Regionalisierte und nach Handwerkszweigen differenzierte Auftragsvergabesumme
I/3.2	• Zahl der betroffenen landw. Betriebe • Zahl der umstellenden Betriebe von Voll- auf Nebenerwerb • Anzahl konsolidierter landw. Betriebe • Selbstversorgungsgrad mit Holz in der Region • Veränderung des Flächenanteils von forstlichen Flächen • ha erstmals aufgeforsteter Flächen
I/4	• Zahl der Studien differenziert nach Beiträgen zu anderen Maßnahmen des Programms • Anzahl der Leitprojekte

Quelle: Eigene Zusammenstellung

Die Einführung dieser Indikatoren in das Berichtssystem des Ziel-5b-Begleitausschusses würden den Informationsstand über die Wirkungen der

Maßnahmen wesentlich erhöhen. Die Ableitung von Wirkungen aus diesen Indikatoren ist in vielen Fällen sehr viel einfacher möglich. Zielgerichtete Umschichtungen wären auf dieser Basis sehr viel einfacher vorzunehmen. Der Entwurf eines Begleitsystems sollte in Zusammenarbeit mit den Sachbearbeitern und Dezernenten der Bewilligungsbehörden vor Ort eingehend erläutert werden. Dies erfordert unter Umständen eine viel detailliertere Planung als im Rahmen dieser Studie leistbar wäre.

3.3 Vollzugskontrolle und Zielerreichung

3.3.1 Vollzugskontrolle

Die im Vergleich zum ursprünglichen Ansatz geänderten Planungen, Bewilligungen und Auszahlungen für das Unterprogramm I sind Tabelle 3.3 zu entnehmen. Diese Zahlen geben einen ersten Überblick über den Realisierungsstand des Unterprogramms I (EAGFL) des schleswig-holsteinischen Ziel-5b-Programms.

Tabelle 3.3: Bewilligungs- und Auszahlungsstand der öffentlichen Mittel am 31.12.1996 für das Unterprogramm I (EAGFL)

Maßnahme	Öffentliche Mittel						
	Ansätze	Durchführung					
	EPPD	geplant		bewilligt		ausgezahlt	
	MECU	MECU	% v. (1)	MECU	% v. (2)	MECU	% v. (4)
	(1)	(2)	(3)	(4)	(5)	(6)	(7)
I/1.1	9,610	9,610	100	9,610	100	7,856	82
I/1.2	0,178	0,178	100	0,145	81	0,085	59
I/1.3	6,509	6,509	100	5,221	80	5,221	100
I/1.4	0,177	0,177	100	0,321	181	0,173	54
I/1.5	13,846	13,846	100	13,846	100	13,846	100
I/1.6	2,959	2,959	100	2,959	100	2,959	100
I/1.7*	s. I/1.5	s. I/1.5	s. I/1.5	s. I/1.5	s. I/1.5	s. I/1.5	s. I/1.5
I/2.1	0,198	0,000	0	0,000	-	0,000	-
I/2.2	0,325	0,000	0	0,000	-	0,000	-
I/3.1	3,551	3,551	100	9,384	264	9,384	100
I/3.2	1,419	1,419	100	1,419	100	1,419	100
I/4	0,273	0,273	100	0,155	57	0,096	62
I (EAGFL	**39,045**	**38,522**	**99**	**43,060**	**112**	**41,039**	**95**

* Bewilligungen und Auszahlungen der Maßnahme I/1.7 werden von Seiten des Landes mit den Angaben der Maßnahme I/1.5 aggregiert.

Quelle:EPPD, Jahresbericht 1995 und Angaben des MLR

Die Planungen des Unterprogramms I (EAGFL) entsprechen zu 99 % den ursprünglich vorgesehenen Werten. Nur im Förderschwerpunkt Anpassung der land- und gartenbaulichen Produktion mit den Maßnahmen I/2.1 und I/2.2 wurden die Planungen aufgrund der geringen Nachfrage nach den Förderprogrammen revidiert.

Gemessen an den geänderten Planungen ergibt sich für das gesamte Unterprogramm eine Bewilligungsrate von 112%. Die deutlich höhere Bewilligung ist in erster Linie auf die fast dreimal so hohe Bewilligung von öffentlichen Mitteln bei der Maßnahme „Biologischer Naturschutz" (I/3.1) zurückzuführen. Diese hohe Bewilligungsrate kommt durch eine erhebliche Aufstockung der nationalen Kofinanzierung mit Landesmitteln zustande. Die Mittel aus dem EAGFL wurden nicht überbewilligt. Weiterhin weist die Maßnahme I/1.4 (agrarstrukturelle Vorplanung) eine deutliche Überbewilligung aus, die aufgrund des geringen Anteils am Unterprogramm jedoch nicht sonderlich ins Gewicht fällt. Die Überschreitung des Bewilligungsrahmens erklärt sich aus der Natur der Maßnahme und der Einbindung in die neue Dorferneuerungsrichtlinie. In den nächsten Jahren ist für die Einleitung eines Dorferneuerungsverfahrens eine ländliche Struktur- und Entwicklungsanalyse vorgeschrieben. Diese wird im Rahmen dieser Maßnahme kofinanziert und stellt so die zukünftige Teilnahme am Dorferneuerungsverfahren sicher.

Unterschiedliche Bewilligungsraten sind in Maßnahme I/1.3 (Abwasserbeseitigung), I/1.2 (Infrastruktur für Urlaub auf dem Bauernhof) und bei der technischen Hilfe festzustellen. Insbesondere bei der Maßnahme I/1.3 besteht eine Ursache in den meist längeren Planungs- und Erstellungsphasen für die einzelnen Projekte.

Alle anderen Maßnahmen des Unterprogramms haben das ursprüngliche Bewilligungsziel von 100% erreicht. Es sind somit keine Probleme bei der Umsetzung der Maßnahmen zu beobachten.

Mit 95% Auszahlungsrate bezogen auf die bewilligten Mittel weist das Unterprogramm des EAGFL einen hohen Auszahlungsstand auf. Fünf von neun Maßnahmen, bei denen eine Förderung erfolgte, weisen Auszahlungsraten von 100% auf, was auf eine letztlich optimale Auszahlung hindeutet. Unter den umfangreicheren Maßnahmen weist nur die Dorferneuerung mit einer Auszahlungsrate von 82% eine niedrigere Rate aus. Dies ist auf die teils längerfristigen, d.h. die Jahresfrist überschreitenden Projekte, zurückzuführen. Die geringe Auszahlungsrate für die agrarstrukturelle Vorplanung ist mit der hohen Anzahl bereits angestoßener Vorhaben zu begründen, deren Auszahlung in nächster Zeit vollzogen werden wird. Gleiches gilt für die Infrastruktur für Urlaub auf dem Bauernhof und die technische Hilfe. Insgesamt bietet keine maßnahmenbezogene Auszahlungsrate Anlaß, größere Umsetzungsprobleme zu vermuten.

Insgesamt wurden in zwei Maßnahmen, die gemessen am ursprünglich geplanten Einsatz öffentlicher Mittel zu den kleinen des Unterprogramms gehören, keine Bewilligungen ausgesprochen. Ihr Anteil an den insgesamt geplanten öffentlichen Mitteln des Unterprogramms betrug ca. 0,5% und 0,8%.

3.3.2 Zielerreichungskontrolle

Die Zielerreichungskontrolle dient der Überprüfung, inwieweit die aufgestellten Ziele des EPPD bereits erreicht wurden. Im Gegensatz zur Vollzugskontrolle, die die Programmumsetzung auf der Basis der finanziellen Indikatoren kennzeichnet, bedient sie sich der physischen Indikatoren des Programms, die im Zuge der Begleitung erfaßt werden. Die Zielerreichungskontrolle für das Unterprogramm I (EAGFL) ist Tabelle 3.4 zu entnehmen.

Tabelle 3.4: Zielerreichungskontrolle auf der Basis vorliegender Indikatoren

Maß-nahme	**Indikator**	**Wert**	**Ziel**	**Zielerreichung** Erwartungswert = 50
I/1.1	Zahl der Dörfer	71	54	131
	Anzahl der geförderten Vorhaben	96	120	80
I/1.2	Anzahl der Maßnahmen	2	100	2
I/1.3	Anzahl der Gemeinden (begonnen)	8	12	67
	Zahl der Einwohnerwerte (abgeschlossene Vorhaben)	8589	7000	123
I/1.4	Anzahl der Vorhaben	7	36	19
	Fläche in ha	10502	36000	29
I/1.5	Anzahl an Flurneuordnungsverfahren (mit baulichen Investitionen und Flächenankäufen)	62	80	78
I/1.6	Anzahl der Maßnahmen	4	9	44
	Anzahl der geschützten Häuser	20	58	34
	Anzahl der geschützten Bewohner	60	177	34
I/2.1	Anzahl der Vorhaben	0	k.A.	0
I/2.2	Anzahl der Vorhaben	0	54	0
I/3.2	ha Flächenankauf für Neuwaldbildung	220,6	330	67

Quelle: EPPD, Jahresbericht 1995, Angaben des MLR, eigene Berechnungen

Für die Überprüfung der Zielerreichung stehen 13 Indikatoren zur Verfügung, zu denen einerseits im EPPD Erwartungsgrößen und andererseits im Jahresbericht und ergänzenden Quellen Istzahlen vorliegen. Bei der Betrachtung der Zahlen zeigt sich, daß die Zielwerte, die erwartungsgemäß bei etwa 50 liegen sollten, teils erheblich nach oben oder unten abweichen. Selbst zwischen zwei Indikatoren einer Maßnahme sind erhebliche Streuungen zu erkennen. Dies ist insbesondere bei der Maßnahme Dorferneuerung (I/1.1) und der Maßnahme Abwasserbeseitigung (I/1.3) der Fall.

Primäre Ursache der Ergebnisstreuung ist, daß es bei der Aufstellung des Programms offensichtlich nur schwer möglich war, die Erwartungen hinsichtlich physischer Indikatoren zu präzisieren. Dies ist insbesondere bei komplexen Maßnahmen, die eigentlich schon wieder eigene Programme darstellen, sehr schwierig gewesen. Die Planungen für einzelne Projekte waren zum Zeitpunkt der Programmaufstellung noch nicht so konkret, daß die hier abgebildeten Indikatoren zur Zielquantifizierung zuverlässig genutzt werden konnten. Bei Maßnahmen, denen sehr konkrete Vorhaben zugrunde lagen, scheint dies leichter möglich gewesen zu sein, wie die geringen Unterschiede zwischen den Zielerreichungswerten für die Warfgrundsanierung (I/1.6) andeuten.

Versucht man trotz der Unzulänglichkeiten eine Interpretation, so bestätigt sich zumindest die den Planungen entsprechende Umsetzung der Warfgrundsanierung (I/1.6) und der Neuwaldbildung (I/3.1). Für mehrere Maßnahmen aggregierbare Indikatoren werden im Rahmen der Begleitung des Programms bisher nicht erfaßt.

3.3.3 Ergebnisse der Förderung

Die Ergebnisse der Maßnahmen des Unterprogramms I (EAGFL) auf der Basis der im Rahmen der Begleitung gesammelten Indikatoren ist der Tabelle 3.5 zu entnehmen. Die Ergebnisse sind nach den beiden Teilperioden 1994/95 und 1996 untergliedert und als Summen für den Zeitraum 1994 bis 1996 dargestellt.

Tabelle 3.5: Ergebnisse der Maßnahmen des Unterprogramms I (EAGFL) für den Zeitraum 1994 bis 1996

Maß-nahme	Indikator	1994/95	1996	Summe
I/1.1	Anzahl der geförderten Vorhaben	34	62	96
	Zahl der Dörfer	31	40	71
	Anzahl der Projekte zur Förderung des kulturellen Erbes	8	13	21
	Anzahl geschaffener Gemeinschaftseinrichtungen	25	7	32
	Anzahl umgenutzter ehemals landwirtschaftlich genutzter Bausubstanz	1	1	2
	Zahl der Vorhaben zur Stärkung der regionalen Strukturen	0	8	8
	Zahl der Vorhaben zur Schaffung von Arbeitsplätzen	0	6	6
	Zahl der Maßnahmen mit Umweltrelevanz	0	5	5
	Zahl der Vorhaben zur Erhaltung der siedlungsstrukturellen Einheit	0	19	19
	Zahl der Vorarbeiten zur Dorfentwicklung	0	3	3
I/1.2	Anzahl der Maßnahmen	1	1	2
	Anzahl der Infotafeln	10	0	10
	Anzahl besonderer Fremdenverkehrsattraktionen	0	8	8
	Anzahl der Wegweiser	45	0	45
	Anzahl der Bänke	3	0	3
I/1.3	Zahl der Einwohnerwerte (der abgeschlossenen Vorhaben)	0	8589	8589
	Anzahl der Gemeinden (alle begonnenen Vorhaben)	3	5	8
I/1.4	Anzahl der Vorhaben	1	6	7
	Anzahl der Gemeinden	10	0	10
	Fläche in ha	10502	0	10502
	Anzahl AVP für Biotopverbundsystem	0	1	1
	Anzahl AVP für Dorferneuerung	0	5	5
I/1.5	Anzahl an Flurneuordnungsverfahren (mit baulichen Investitionen und Flächenankäufen)	78	46	62*
	Anzahl der beteiligten Gemeinden (I/1.7)	191	192	191,5*
	km Wegebau mit Bindemitteln (Beton, Bitumen)	65	35,3	100,3
	ha Flächenpflanzungen	9,4	4,6	14
	km Knicks einschl. ebenerdige Pflanzungen	63	31,2	94,2
	km Wegebau ohne Bindemittel	28,4	11,3	39,7
	ha Flächenankauf (Naturschutz, Landschaftspflege in Flurbereinigung)	540,8	160,7	701,5
	km Wegebau auf neuer Trasse	6,8	2,3	9,1
	km Befestigung vorhandener Wege	86,6	44,3	130,9
	ha ökologische Verbundsysteme (z.B. Uferrandstreifen, Sukzessions-flächen)	9,2	13,3	22,5
	ha sonstige Einzelbiotope (z.B. Teiche, Tümpel, Wasserflächen)	59,8	31,1	90,9
	Anzahl baulicher Vorhaben in Dorferneuerungsvorhaben (Träger Teilnehmergemeinschaft), öffentl.	32	16	24*
	Anzahl baulicher Vorhaben in Dorferneuerungsvorhaben (Träger Teilnehmergemeinschaft), private	133	55	94*
	ha landschaftspflegerische Ausgleichsmaßnahmen	27,1	7,1	34,2
	km Wegebau auf neuer Trasse (I/1.7)	1,7	0,3	2
	km Befestigung vorhandener Wege (I/1.7)	235,6	268,3	503,9
	km Wegebau mit Bindemitteln (Beton, Bitumen) (I/1.7)	232,3	265,3	497,6
	km Wegebau ohne Bindemittel (I/1.7)	5	3,3	8,3
	ha landschaftspflegerische Ausgleichsmaßnahmen (I/1.7)	2,7	1,6	4,3
I/1.6	Anzahl der geschützten Bewohner	45	15	60
	Anzahl der geschützten Häuser	14	6	20
	Anzahl der Maßnahmen	2	2	4
I/3.1	Zahl von Flurneuordnungen im Sinne des Naturschutzes	93	35	128
	Zahl angelegter Biotope	176	57	233
	ha Flächenkäufe	532	222	754
	ha Verbesserung ökologisch wertvoller Landschaftsteile	59	40	99
	km Knicks und Reihenpflanzungen	73	30	103
	ha Sukzessionsflächen	0	148	148
I/3.2	ha Flächenankauf für Neuwaldbildung	123,5453	97,0628	220,6081
I/4	Zahl geschaffener Arbeitsplätze für die Dauer des Projektes	0	1	1

* Hierbei handelt es sich abweichend vom Spaltentitel um den durchschnittlichen Bestand der jeweiligen Größen.

Quelle: Angaben aus dem Jahresbericht 1995 und aus dem MLR Schleswig-Holstein

Im Rahmen der Dorferneuerung (I/1.1) wurden in 71 Orten 96 Projekte durchgeführt. Dabei nahm die Schaffung von Gemeinschaftseinrichtungen mit 32 Projekten einen Schwerpunkt der Förderaktivitäten ein. Weitere in größerer Zahl geförderte Projektarten waren der Förderung des kulturellen Erbes und der Erhaltung der siedlungsstrukturellen Einheit gewidmet. Zu näheren Ergebnissen der Dorferneuerungsförderung sei an dieser Stelle auf die Fallstudie (Kapitel 3.5) verwiesen. Im Rahmen der Förderung von Infrastruktur für Urlaub auf dem Bauernhof (I/1.2) wurden bisher zwei Projekte gefördert. Im Zeitraum 1994/95 wurde ein Wanderweg mit Wegweisern, Infotafeln und Bänken ausgestattet. 1996 wurde ein landwirtschaftlicher Lehrpfad eingerichtet, der eine zusätzliche Attraktion insbesondere für das Urlaubersegment "Ferien auf dem Bauernhof" sein soll.

Die Erstellung von Abwasserbeseitigungsanlagen in ländlichen Gemeinden konnte mit Hilfe der Maßnahme I/1.3 in drei Gemeinden mit insgesamt fast 8600 Einwohnern abgeschlossen werden. Weitere vier Gemeinden wurden im vergangenen Jahr neu in die Förderung aufgenommen, eine wird in Fortsetzung aus dem Jahr 1995 gefördert. Die Erstellung von Abwasserbeseitigungsanlagen ist eine wichtige Grundvoraussetzung ländlicher Gemeinden, um neue Wohn- und Gewerbestandorte auszuweisen. Die hohen Kosten, die aufgrund der dünnen Besiedlung besonders in ländlichen Gemeinden anfallen, belasten den kommunalen Haushalt sehr, so daß eine Kofinanzierung dieser Maßnahmen durch die EU in ländlichen Problemgebieten durchaus gerechtfertigt erscheint.

Nach der Neufassung der Dorfentwicklungsrichtlinie des Landes Schleswig-Holstein im Sommer 1995 konnte die agrarstrukturelle Vorplanung auf eine neue Basis gestellt werden. Nach der Durchführung einer ländlichen Struktur- und Entwicklungsanalyse in 1995 wurden 1996 insgesamt sechs neue Analysen initiiert. Diese Analysen bilden die planerische Grundlage für weitere Fördermaßnahmen der Dorferneuerung und des biologischen Naturschutzes. Im wesentlichen umfassen sie eine Stärken-Schwächen-Analyse, Zielsetzungen, Identifizierung von Handlungsfeldern und Festlegung vorrangiger Projekte. Der räumliche Bezug geht in der Regel über Gemeindegrenzen hinaus. Angesichts der sehr kleinen Gemeindestrukturen in Schleswig-Holstein ist dies sehr zu begrüßen.

Die Schwerpunkte der Flurbereinigung (I/1.5) haben sich im letzten Jahrzehnt sehr stark in Richtung Umwelt- und Naturschutz verlagert, so daß die Beiträge zur Effizienzsteigerung in landwirtschaftlichen Betrieben weitgehend als gering eingeschätzt werden. Dies gilt ganz besonders für die im Bundesvergleich günstig strukturierte Landwirtschaft Schleswig-Holsteins. Die Umorientierung zum Umwelt- und Naturschutz spiegelt sich auch in den Ergebnissen der Förderung wider. Der Flächenankauf für Zwecke des Naturschutzes nahm bisher mit über 700 ha einen breiten Raum ein. Die Anlage von Flächenpflanzungen, Knicks, ökologischen Verbundsystemen und einer Vielzahl von Einzelbiotopen sowie landschaftspflegerischen Ausgleichsmaßnahmen verdeutlichen um so mehr die Ausrichtung auf Umwelt- und Landschaftsschutzziele. Ein sehr enges Zusammenwirken mit Projekten des biologischen Naturschutzes (I/3.1) ist dabei immer wieder zu beobachten. Eine weitere wichtige Aufgabe der Flurbereinigung ist die Aufrechterhaltung und der Ausbau des landwirtschaftlichen Wegenetzes. Insgesamt wurden ca. 635 km vorhandener Wege befestigt, davon 11 km auf neuer Trasse. Bei den Maßnahmen griff man auf meist traditionelle Befestigungsformen zurück. Über 90 % der verbesserten und neuen Wege wurden mit Beton oder Bitumen befestigt. Die übrigen wurden ohne Bindemittel angelegt. Wirtschaftswege dienen nicht nur der Landwirtschaft, sondern zunehmend auch dem ländlichen Tourismus. Bedauerlicherweise war ein Nachweis dieses möglichen Zusammenhangs im Rahmen dieser Studie nicht möglich. Die Nutzungsanteile außerhalb der Landwirtschaft sollten beim weiteren Ausbau des Wegenetzes jedoch unbedingt berücksichtigt werden.

Die Warfgrundsanierung (I/1.6) dient der Sicherung der Wohn- und Wirtschaftsstandorte auf den Halligen im schleswig-holsteinischen Wattenmeer. Sie ist damit ein Element der Küstensicherung. Der Schutz der Bewohner kann nur mit erheblichem Aufwand gewährleistet werden. Im vergangenen Förderzeitraum wurden mit vier Sanierungen zwanzig Häuser mit sechzig Bewohnern geschützt. Im Zuge der Sanierungen gibt es ein enges Zusammenwirken mit Maßnahmen der Dorferneuerung, der Flurbereinigung und der Förderung von Abwasserbeseitigungsanlagen.

Der biologische Naturschutz (I/3.1) wurde bisher im Zuständigkeitsbereich des Umweltministeriums des Landes durchgeführt. Seit dem 1. Februar 1997 ist das Landesamt für Natur und Umwelt Schleswig-Holstein zuständig. Eine sehr enge

Verbindung besteht zur Flurbereinigung (I/1.5). Im vergangenen Förderzeitraum wurden insgesamt 233 Einzelbiotope im Rahmen von Flurneuordnungsverfahren angelegt. Darunter sind z. B. die Neuanlage oder Wiederherstellung von Kleingewässern, die Vernässung von Grünland, die Anlage von Knicks, Reihenpflanzungen und Feldgehölzen zu verstehen. Im Rahmen der Flurneuordnungsverfahren wird dabei auf einen hohen Vernetzungsgrad geachtet. Insgesamt wurden 754 ha Flächen angekauft, 103 km Knicks und Reihenpflanzungen angelegt sowie 148 ha Sukzessionsflächen von einer wirtschaftlichen Nutzung freigehalten. Weitere Verbindungen dieser Maßnahme zur Dorferneuerung konnten im Rahmen der Fallstudie "Dorferneuerung" nachgewiesen werden. Im Rahmen des Flächenankaufs zur Neuwaldbildung (Maßnahme I/3.2) wurden im vergangenen Förderzeitraum über 220 ha angekauft und anschließend mit anderen Fördermitteln aufgeforstet. Inwieweit diese Maßnahme zu ihren ursprünglich sehr weit gesetzten Zielen (Unterstützung des landwirtschaftlichen Strukturwandels, Konsolidierung von Betrieben, etc.) beitragen konnte, kann auf der Basis der angekauften Flächen nicht entschieden werden.

Im Rahmen der technischen Hilfe (I/4) wurde eine Stelle bei der "Projektgesellschaft Westküste" finanziert, die der Findung, Konzipierung und Umsetzung von Leitprojekten dienen soll. Ein fondsübergreifender Ansatz soll dabei erreicht werden[2]. Außerdem wird diese Zwischenbewertung daraus finanziert.

Betrachtet man die tatsächlich realisierten Maßnahmen des Unterprogramms I (EAGFL) so fällt auf, daß fast alle Maßnahmen nur mittelbare Wirkungen auf die Diversifizierung, Neuausrichtung und Anpassung des Agrarbereichs haben. Die Maßnahmen mit unmittelbarer Wirkung, darunter sind insbesondere die Maßnahmen I/2.1 und I/2.2, die die Anpassung der land- und gartenbaulichen Produktion und Vermarktung zum Ziel haben, zu verstehen, konnten bedauerlicherweise nicht umgesetzt werden. Als eine Ursache für die geringe Nachfrage nach Fördermitteln im Bereich der Vermarktung ökologischer Produkte (I/2.2) wurde die ungünstige Einkommensentwicklung der ökologisch wirtschaftenden Betriebe genannt, die sich auch in einer Reduktion der ökologisch bewirtschafteten Fläche in Schleswig-Holstein niederschlug. Die Anpassung der landwirt-

---

2 Weiteres zum fondsübergreifenden Ansatz in Kapitel 7 dieser Studie.

schaftlichen Produktion (I/2.1) besetzt im Ziel-5b-Gebiet ohnehin nur eine regional eng begrenzte Nische im Kreis Dithmarschen. Die enge Bindung an einen privaten Investor, der die Möglichkeiten der Investitionen nun anders einschätzt, verursachte primär die Nichtinanspruchnahme der geplanten Fördermittel. Bevor Umschichtungen aus diesen Maßnahmen zugunsten anderer getätigt werden, sollten möglichst umgehend die Perspektiven innerhalb des Rahmens der Maßnahmen geprüft werden.

3.4 Wirkungsanalyse

Die Wirkungen des Gesamtprogramms können nur sehr eingeschränkt auf Makroebene dokumentiert werden, da der Abstand zum Programmbeginn für die meist erst langfristig wirksamen Maßnahmen zu gering ist. Im Rahmen dieser Zwischenbewertung müssen also sowohl die bereits eingetretenen Wirkungen der einzelnen Maßnahmen und Projekte als auch die erwarteten Wirkungen zuerst auf Ebene des Unterprogramms und dann auf Ebene des Gesamtprogramms zusammengetragen werden. Wichtigster Indikator ist dafür die Beschäftigungswirkung der Maßnahmen, ohne bereits oben angedeutete Wirkungen vernachlässigen zu wollen.

Für die Identifizierung von Beschäftigungswirkungen ist eine Unterscheidung nach Effekten aus der Erstellungsphase und der Betriebsphase von Projekten zweckmäßig. Für die Maßnahmen des EAGFL (Unterprogramm I) können im einzelnen die in Tabelle 3.6 dargestellten Beschäftigungseffekte abgeschätzt werden.

Tabelle 3.6: Beschäftigungseffekte im Unterprogramm I (EAGFL)

Maß-				Direkte Arbeitsplatzeffekte				
nahme	Projekt-anzahl	Investitions-volumen in MECU	Befristete Effekte der Erstellungsphase in Personenjahren +	Erhalt	Neuschaf-fung	davon Teilzeit	davon Frauen	davon vorher nicht erwerbstätig
I/1.1	96	7,856	53	~	36	26	25	18
I/1.2	2	0,085	1	~	~	~	~	~
I/1.3	8*	5,221	35	~	~	0	0	0
I/1.4	7	0,173	1	~	0	0	0	0
I/1.5	124	13,846	93	~	0	0	0	0
I/1.6	4	2,959	20	~	0	0	0	0
I/1.7	in Maßnahme I/1.5 enthalten							
I/2.1	0	0	0	0	0	0	0	0
I/2.2	0	0	0	0	0	0	0	0
I/3.1	**	9,384	63	0	0	0	0	0
I/3.2	20,608***	1,419	0	0	2	0	0	0
I/4	2	0,096	1	0	0	0	0	0
Summe		41,039	267	0	38	26	25	18

* Zahl der Gemeinden
** Nicht zu ermitteln
*** ha Fläche
+ ermittelt aus DE-Fallstudie
~ nicht zu ermitteln aber vermutlich größer als null

Quelle:Eigene Berechnungen und Angaben des MLR, Kiel

Die Berechnung der Bruttobeschäftigungseffekte der Erstellungsphase wurde auf der Basis von in der Dorferneuerungsstudie vorgenommenen Erhebungen und Berechnungen durchgeführt. Aufgrund der ähnlichen Struktur von beauftragten Unternehmen bei den anderen Maßnahmen des Unterprogramms kann eine Übertragung der Berechnungen auf die anderen Maßnahmen ohne große Fehler vorgenommen werden. Bezieht man die Berechnungen auf das ausgezahlte Fördermittelvolumen, was in vielen Fällen auch dem gesamten Investitionsvolumen entspricht, weist die Flurbereinigung einschließlich Wegebau mit 93 Personenjahren, die höchste Beschäftigungswirkung auf. Weitere Maßnahmen mit größeren Beschäftigungseffekten sind der biologische Naturschutz (I/3.1) mit 63, die Dorferneuerung (I/1.1) mit 53 Personenjahren sowie Abwasserbeseitigungsanlagen (I/1.3) und Warfgrundsanierung (I/1.6) mit jeweils 35 und 20 Personenjahren.

Aus der Erstellungsphase der Maßnahmen des Unterprogramms I resultieren also annähernd 270 Personenjahre, die auf die erforderlichen Leistungen des Handwerks zurückzuführen sind. Multiplikative Beschäftigungseffekte könnten die Wirkungen nochmals um 50% erhöhen[3]. Über die zeitlich eng begrenzten Beschäftigungseffekte der Erstellungsphase hinaus können nur in sehr geringem Umfang längerfristige Arbeitsplätze ermittelt werden. Nur für die Dorferneuerung und hier insbesondere im Rahmen der Landesdorferneuerung (vgl. Kapitel 3.5) konnten größere Effekte ermittelt werden. Unterstellt man, daß die Warfgrundsanierung zur Sicherung der Erwerbstätigkeit der Bewohner beiträgt, kann man hier von 24 indirekt erhaltenen Arbeitsplätzen ausgehen. Im Bereich des Ankaufs von Flächen für die Neuwaldbildung konnte von einer Arbeitskraft pro 100 ha neuer Forstfläche ausgegangen werden.

Mißt man die Maßnahmen des Unterprogramms I in öffentlichen Ausgaben pro direkt geschaffenem Arbeitsplatz, ist dieser Effekt sicherlich zu teuer erkauft. Jedoch können die Folgewirkungen durch die Anpassung von Standards (Abwasserbeseitigung), die Neuordnung von Eigentumsverhältnissen (Flurbereinigung) und die Bereicherung mit Landschaftselementen und Naturschutz zum jetzigen Zeitpunkt nicht mit akzeptabler Zuverlässigkeit abgeschätzt werden. Bei letztgenannten Maßnahmen handelt es sich gerade um Maßnahmen, die entweder die Umweltsituation verbessern oder flankierend die Entwicklung des ländlichen Tourismus unterstützen. Direkte Beschäftigungseffekte sind im Rahmen dieser Maßnahmen eher als willkommene Nebeneffekte zu interpretieren.

Die Heterogenität der Maßnahmen untereinander und in sich läßt eine aussagekräftige Analyse der Kosten pro physischer Einheit nicht zu. Auch die speziellen Modalitäten der Förderung im Land und die Abhängigkeit von lokalen Umständen spricht gegen die Verwendung von Einheitskosten zur Effizienzanalyse der Maßnahmen. Zur Beurteilung der Effizienz der Maßnahmen und des Unterprogramms soll an dieser Stelle vielmehr das Förderverfahren bezüglich der Auftragsvergabe am Beispiel der Dorferneuerung beschrieben werden.

---

3 Geuenich, G., Heilig, B. Beschäftigungseffekte agrarstruktureller Manahmen. Münster-Hiltrup 1981.

Im Rahmen der Dorferneuerung wird ab einer Auftragssumme von 50.000 DM ein Einholen von Vergleichsangeboten verlangt. Sodann werden die anteiligen Fördermittel an dem günstigsten Angebot ausgerichtet, auch wenn der Bieter mit dem höheren Angebot den Zuschlag erhält. Durch dieses Verfahren wird kein Anreiz zur Wahl teurerer Bieter gegeben. Der Vergleich zwischen verschiedenen Bietern erlaubt vielmehr die kostengünstigste Erstellung der gewünschten Leistung unter lokalen bzw. regionalen Verhältnissen. Ähnliche Vorgehensweisen werden auch im Rahmen der anderen Maßnahmen des Unterprogramms angewandt.

3.5 Fallstudie Dorferneuerung

3.5.1 Problemstellung, Ziele und Vorgehensweise

Die Fallstudie Dorferneuerung soll einen tieferen Einblick in den Ablauf der Förderung und mögliche Wirkungen der Maßnahme verdeutlichen. Dabei geht es insbesondere darum, Synergien mit anderen Vorhaben vor Ort zu ermitteln.

3.5.1.1 Dorferneuerung in Schleswig-Holstein

Zu unterscheiden ist zwischen Vorhaben der Dorferneuerung der Gemeinschaftsaufgabe "Verbesserung der Agrarstruktur und des Küstenschutzes" (Bund-Land-Finanzierung) und Vorhaben auf der Basis einer Landesfinanzierung. Zur leichteren Unterscheidung wird im folgenden nur noch von GAK-Dorferneuerung auf der einen und Landesdorferneuerung auf der anderen Seite gesprochen.

Bis zum 31.07.95 bestanden für diese Förderung zwei unterschiedliche Richtlinien, die dann in einer Dorferneuerungsrichtlinie zusammengefaßt wurden. Diese Richtlinie ist aufgrund ihres lediglich zusammenfassenden Charakters nicht zur Beihilfenkontrolle bei der Europäischen Kommission vorgelegt worden.

3.5.1.2 Vorgehensweise für die Untersuchung

Als Vorgehensweise wurde ursprünglich eine Vollerhebung aller Projekte mittels Fragebogen angestrebt. Da jedoch Datenschutzbedenken hinsichtlich der privaten Fördermittelempfänger bestanden, wurden zunächst nur die Vertreter der Amtsverwaltungen und der Ämter für Land- und Wasserwirtschaft (ALW) befragt. Ziel des ersten Untersuchungsschrittes war es, einen Überblick über die finanzielle Beteiligung, über die regionale Streuung der EU-Ausgaben und einen möglichen Zusammenhang mit anderen Ziel-5b-Vorhaben zu ermitteln. Außerdem wurden die Sachbearbeiter der ALW nach Implementationsproblemen und ihren Vorschlägen zur Lösung befragt. Auf der Grundlage dieser Auswertung wurden weitere mündliche Befragungen mit Interviewleitfäden in einigen Orten vorgenommen. Ergänzt wurde die Informationsgewinnung durch Besichtigungen von einzelnen Projekten und Ortsbegehungen.

Eine inhaltliche Gliederung der in die Fallstudie einbezogenen Projekte wurde in Tabelle 3.7 vorgenommen. Der inhaltliche Schwerpunkt lag gemessen an den öffentlichen Mitteln bei der Förderung von Dorfgemeinschaftshäusern, gefolgt von anderen öffentlichen Projekten der Landesdorferneuerung und GAK-Projekten zur Verbesserung der Verkehrsverhältnisse sowie kleinen Bau- und Erschließungsmaßnahmen.

Tabelle 3.7: In die Untersuchung einbezogene Dorferneuerungsvorhaben

Förderungstatbestand	*Zahl der Projekte*	*Öffentliche Mittel in DM*	*davon EU-Mittel in DM*
Dorferneuerung gemäß GAK	**58**	**4.739.933**	**1.737.572**
Vorarbeiten	3	27.595	11.038
Dorfentwicklungsplanung	3	79.200	36.000
Betreuung der Zuwendungsempfänger	4	39.000	15.600
Innerörtliche Verkehrsverhältnisse	25	2.395.363	815.383
Kleine Bau- und Erschließungsmaßnahmen	14	1.020.045	388.060
Gestaltung und Erhaltung landwirtschaftlicher Bausubstanz*	3	123.401	49.360
Grüngestaltung	1	64.408	25.763
Erwerb von Grundstücken	2	709.463	283.785
Sonstiges inkl. Doppelnennungen	3	281.458	112.583
Dorferneuerung nach Landesrichtlinie	**15**	**11.292.289**	**3.834.602**
Dorfgemeinschaftshäuser	10	6.937.512	2.094.910
Dorfläden	2	830.777	331.342
Sonstige öffentliche Projekte	3	3.524.000	1.408.350
Gesamt	**73**	**16.032.222**	**5.572.174**

* Ein Projekt in privater Trägerschaft enthalten.

Quelle: Eigene Zusammenstellung auf der Basis der Befragungsergebnisse

Von den einbezogenen Projekten waren im Oktober 1996 45% komplett abgeschlossen und abgerechnet. 32% der Projekte waren zwar baulich nahezu abgeschlossen, jedoch noch nicht abgerechnet, so daß man zwar von einer Fertigstellung der Einrichtungen bzw. Projekte reden kann, jedoch Aussagen über endgültige Wirkungen noch nicht möglich sind. 23% der Projekte waren zwar bewilligt, waren aber noch nicht fertiggestellt, so daß diese nicht abschließend bewertet werden konnten.

Die einbezogenen Projekte waren nahezu alle in öffentlicher Trägerschaft. Einzelheiten über die in den Fallstudien nicht erfaßten privaten Projekte, die bis Oktober in der Landesdorferneuerung gefördert wurden, sind Tabelle 3.8 zu entnehmen.

Tabelle 3.8: Private Projekte unter der Landesrichtlinie der Dorferneuerung

Fördertatbestand	***Zahl der Projekte***	***EU-Zuschuß in DM***
Umbau eines landwirtschaftlichen Betriebes	2	106.920
Gaststättensanierung	6	440.412
Gesamt	**8**	**547.332**

Quelle: *Eigene Zusammenstellung nach Angaben aus dem Ministerium für Ländliche Räume*

Die privaten Projekte nahmen damit zum Zeitpunkt der Fallstudie nur etwa 10% der verausgabten EU-Mittel in Anspruch. Vier dieser acht Projekte wurden auf den Halligen vor der Nordseeküste gefördert, wo laut Kommentar aus dem Ministerium "man froh ist, daß dort überhaupt noch jemand wohnen bleibt" und investiert, so daß eine Evaluierung anhand dieser Projekte auch wenig repräsentativen Charakter für die Maßnahme und das Gesamtprogramm an sich gehabt hätte.

Es wurden Projekte mit Mitteln in Höhe von ca. 79% der EU-Zuschüsse in die Fallstudie einbezogen, so daß man von einer hinreichenden Repräsentativität ausgehen kann. Insgesamt wurden Projekte in 55 Orten durch die schriftliche Befragung erfaßt.

3.5.2 *Übersicht über die Aktivitäten im Rahmen der gewählten Maßnahme*

3.5.2.1 Implementation der Dorferneuerung

Den gesamten Vorgang der Dorferneuerung in Schleswig-Holstein gemäß der Richtlinie vom Juli 1995 kann man in vier Phasen unterteilen. Diese lassen sich folgendermaßen bezeichnen:

I. Aufnahme des Ortes in das Landesprogramm der Dorferneuerung

II. Entwicklung des Dorferneuerungsplanes

III. Projektorientierte Umsetzung der Dorferneuerung

IV. Erstellung eines Abschlußberichtes

Die erste Phase beinhaltet hauptsächlich eine Abstimmung innerhalb der Verwaltung. In dieser Phase wird über die Aufnahme des Ortes in das Dorferneuerungsprogramm des Landes entschieden. Hier findet schon eine Einbeziehung verschiedener Organisationen statt, die bereits den Grundstein für eine integrierte Förderung legen können. Zu nennen sind dabei der Regionalbeirat, der bei Orten im Gebiet des Landesförderprogramms zur Entwicklung strukturschwacher Räume zusätzlich einbezogen wird, der Gemeindetag Schleswig-Holstein als Interessenverband der Kommunen und auch andere Ressorts des Landes, die an der Entscheidung über die Aufnahme des Ortes beteiligt werden (vgl. Abbildung 3.1).

Abbildung 3.1: Der Ablauf der Dorferneuerung in Schleswig-Holstein bis zur Aufnahme in das Dorferneuerungsprogramm (Phase I)

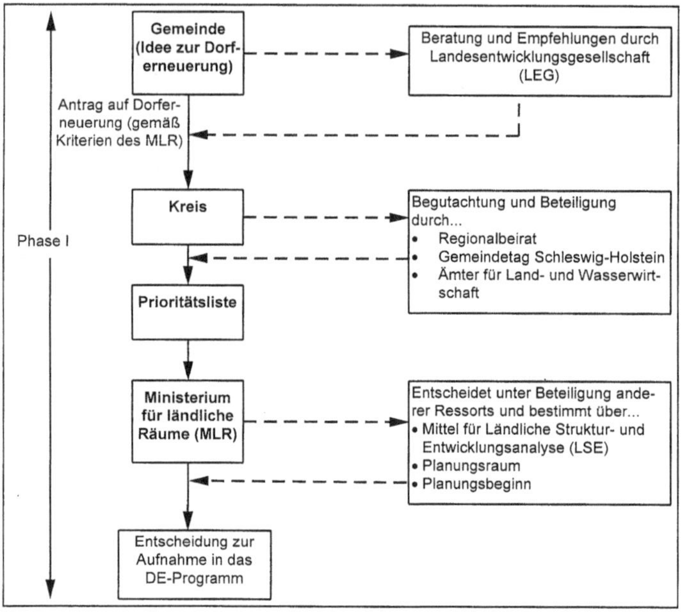

Quelle: Eigene Darstellung auf der Basis der Dorferneuerungsrichtlinie

In der zweiten Phase kommt die Beteiligung der Bürger im Ort zum Tragen. Die von Externen erarbeitete ländliche Struktur- und Entwicklungsanalyse (förderfähig in Maßnahme I/1.4 des Ziel-5b-Programms) wird mit den Bürgern und der unteren Naturschutzbehörde erörtert. Diese bildet wiederum die Grundlage für den Dorferneuerungsplan, der ebenfalls von Externen unter Beteiligung von Bürgerarbeitskreisen erstellt wird. In diesem Plan wird detailliert das Aufgabenprogramm für die Dorferneuerung festgehalten. Diesem Plan muß das Ministerium für Ländliche Räume (MLR) unter Beteiligung anderer Ressorts zum Zwecke der Mittelbündelung von EU, Bund, Land und Kommune zustimmen. Dieser Plan ist die Grundlage für die anschließende Umsetzung der Dorferneuerungsförderung (vgl. Abbildung 3.2).

Abbildung 3.2: Der Ablauf der Dorferneuerung in Schleswig-Holstein bis zur Zustimmung zum Dorferneuerungsplan (Phase II)

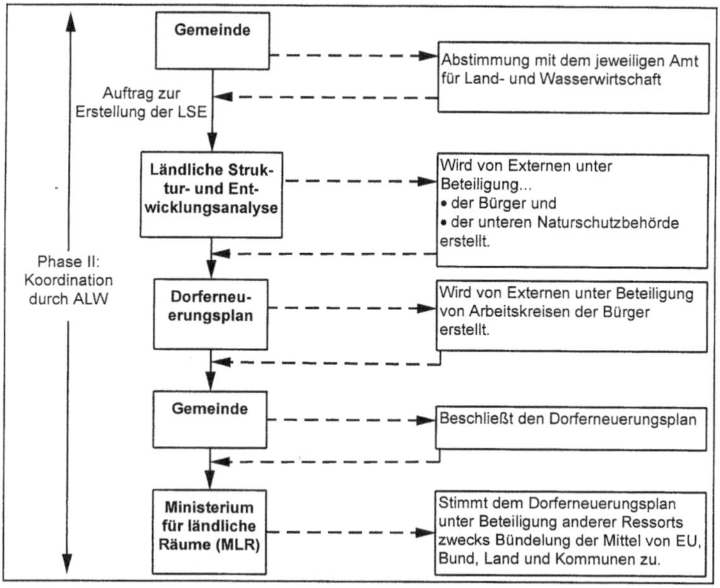

Quelle: Eigene Darstellung auf der Basis der Dorferneuerungsrichtlinie

Die eigentliche Umsetzung des Dorferneuerungsplanes (Phase III) wird anschließend mit der Unterstützung des Koordinators (z. T. das ALW), der Bewilligung und Prüfung durch das ALW und mit Hilfe der Betreuung von Externen (Planern) bei der Antragstellung und Abrechnung betrieben. Im Anschluß des gesamten Verfahrens wird von der Gemeinde (Phase IV) ein Schlußbericht angefertigt, der den Gesamtverwendungsnachweis über die Mittel und die Zielerreichung gemessen an den Zielen des Dorferneuerungsplanes darstellt. Der Schlußbericht wird vom Koordinator geprüft und über das ALW an das MLR weitergegeben.

Die gesamte Durchführung der Dorferneuerung dauert von der Idee bis zum endgültigen Abschluß in der Regel mehr als fünf Jahre. Die gesamte Abwicklung einer Dorferneuerung mit EU-Mitteln ist somit nur im Ausnahmefall denkbar. Mittel aus dem EAGFL kommen somit nur punktuell in einzelnen Verfahren und zwar meist in der Phase III zum Einsatz. Der Einsatz der Ziel-5b-Mittel erfolgt zum überwiegenden Teil (ca. 2/3) im Rahmen von Vorhaben, die ausschließlich mit Landes- und kommunalen Mitteln finanziert werden. Das übrige Drittel wird im Rahmen der Dorferneuerung gemäß der Gemeinschaftsaufgabe "Verbesserung der Agrarstruktur und Küstenschutz" eingesetzt, die ohne Beteiligung der EU zu 60% vom Bund und 40% vom Land getragen wird. Bisher war es so, daß letztere Mittel über die ALW und erstere über das MLR direkt abgewickelt wurden. Mit Inkrafttreten der neuen Dorferneuerungsrichtlinie werden alle Vorhaben von den ALW vor Ort betreut.

Die lange Dauer der Dorferneuerungsverfahren und die Tatsache, daß die Dorferneuerung im engen Sinne keine Maßnahme, sondern wieder ein eigenes Programm ist, machen es äußerst schwierig, zumindest die im Rahmen der GAK eingesetzten EU-Mittel in ihrer spezifischen Wirksamkeit zu beurteilen. Denn diese werden nur sehr partiell in umfangreichen Dorferneuerungsverfahren eingebunden. Dies wird auch durch die Befragung der ALW bestätigt.

So wurde durch die Befragung der Sachbearbeiter der ALW deutlich, daß die Auswahlkriterien für den Einsatz von EU-Mitteln in Projekten hauptsächlich an der Minimierung des Verwaltungsaufwandes für den Mitteleinsatz orientiert sind. Der Einsatz wird gemäß Angaben der ALW durch folgendes Vorgehen bestimmt: Oberstes Zielkriterium ist der möglichst geringe Verwaltungsaufwand und der rechtzeitige und sichere Abfluß der Mittel an die Empfänger. Dabei hat sich herausgestellt, daß Projekte in öffentlicher Trägerschaft leichter handhabbar sind als private Maßnahmen und besonders der zügige Abfluß der Mittel gewährleistet werden kann. Ein Zusammenhang zu anderen Projekten im Ort ist der Tatsache zu verdanken, daß Projekte nur in Orten finanziert werden, die sich im Dorferneuerungsprogramm befinden. Welche öffentlichen Projekte im konkreten Fall finanziert werden, bleibt laut Umfrage eher dem Zufall überlassen.

Trotz dieser Vorgehensweise wird der Verwaltungsaufwand für den Einsatz der Ziel-5b-Mittel im Rahmen der GAK-Dorferneuerung als "etwas höher" bis "höher" im Vergleich zur Förderung nach Landesrichtlinie bewertet. Diese Einschätzung ist zum einen auf zusätzliche Berichtspflichten und auf Unklarheiten und Schwierigkeiten beim Einsatz der Kofinanzierungsmittel des Landes zurückzuführen. Die Änderung der Rechnungslegung wird von einigen Sachbearbeitern gewünscht. Eine Abrechnung auf der Basis von Projektlisten und Kreissummen würde nach ihrer Einschätzung den Aufwand erheblich verringern. Die

Möglichkeiten einer Änderung des Verfahrens sollten tatsächlich von Seiten des Landes überprüft werden, da eine Rechnungslegung per Sammelbescheid auch bei Maßnahmen der Flurbereinigung und des landwirtschaftlichen Wegebaus vorgenommen wird. Insgesamt fiel bei Expertengesprächen auf, daß - allerdings nicht nur im Bereich der Dorferneuerung - erhebliche Unklarheiten bei der Vorgehensweise bezüglich der Kofinanzierung der EU-Mittel bestanden.

3.5.2.2 Finanzielle Mittel

Die Dorferneuerung wird in Schleswig-Holstein flächendeckend im Land durchgeführt. 1993 wurden für die Förderung der Dorferneuerung im Rahmen der GAK 8,394 Mio. DM ausgegeben[4]. Zwar sieht die Richtlinie keine abgegrenzten Fördergebiete vor, räumt aber bei Vorhaben in den Ziel-5b-Gebieten die Möglichkeit ein, höhere Fördersätze im Rahmen der zusätzlichen EU-Mittel zu gewähren. Stellt man die Ziel-5b-Mittel der GAK-Dorferneuerung ins Verhältnis zu den Mitteln für die GAK-Dorferneuerung insgesamt, zeigt sich, daß in den Ziel-5b-Kreisen nur etwa 6 bis 7% der gesamten öffentlichen Mittel, die im Rahmen der GAK zur Verfügung standen, aus der Ziel-5b-Politik kommen. Dabei schwankte der Anteil von 3 bis 4% im Bereich des ALW Husum bis zu 9% beim ALW Flensburg für die beiden Jahre 1995 und 1996.

3.5.3 Erfahrungen der Letztempfänger mit Programminformation und Umsetzung

Als Letztempfänger kamen im Rahmen der hier betrachteten Dorferneuerungsprojekte in der Regel die Kommunen in Frage. Zur Klärung der Frage, inwieweit diese Empfänger mit Information und Umsetzung zufrieden waren, wurden Interviews mit Bürgermeistern und leitenden Verwaltungsangestellten der Verwaltungsgemeinschaften geführt.

Da die Dorferneuerung im Rahmen von Ziel-5b auf der Basis einer schon seit vielen Jahren bekannten Rechtsgrundlage erfolgt, sind den Kommunen die Existenz und die Modalitäten der Förderung bereits hinreichend bekannt gewesen. In keinem Fall wurde über mangelnde Informationen über das Programm berichtet. Im Zuge der Umsetzung der einzelnen Projekte, insbesondere im

---

4 BML (Hrsg.): Agrarstrukturbericht. Tabellenband 1992-1994. Bonn 1995.

Rahmen der Landesdorferneuerung, gab es zwar in einigen Fällen Differenzen zwischen den Antragstellern und den Beauftragten des Kreises oder des ALW, bei den Gesprächen in den Kommunen wurde aber immer betont, daß man durch die Beratung von Kreis und ALW eine bessere Lösung des Problems gefunden habe, als man sie vorher angestrebt habe.

Von Seiten der Fördermittelempfänger gab es demnach nur positive Einschätzungen des Verfahrens der Dorferneuerung und der Abwicklung der einzelnen Projekte.

Sehr wichtig für die Umsetzung der Förderung ist die Kenntnis der Maßnahme bei den Antragstellern. Die erforderliche Information der Nutzer und der Einwohner des Dorfes über die Beteiligung der EU an dem Projekt wird ebenfalls beachtet. Bei allen Projekten der Landesdorferneuerung wurde eine Kenntnis der Beteiligung der EU an dem Projekt vor der Befragung festgestellt. Diese Kenntnis wurde an die Bürger und potentiellen Nutzer in fast allen Fällen weitergegeben. Verschiedenste Informationswege spielten dabei eine Rolle. Unter anderem wurde die Beteiligung der EU auf öffentlichen Versammlungen, im Rahmen der Presseberichterstattung und in einem Fall auch durch ein Baustellenschild bekanntgegeben. Deshalb kann davon ausgegangen werden, daß Bürger und Nutzer dieser Einrichtungen über die Beteiligung der EU an den geschaffenen Einrichtungen informiert sind.

3.5.4 Vollzug und Zielerreichung

Gespräche im Ministerium für ländliche Räume, das federführend mit der Umsetzung der Dorferneuerung betraut ist, machten deutlich, daß man einen möglichst hohen Einsatz der EAGFL-Fördermittel im Bereich der Landesdorferneuerung anstrebe. Dieses Ziel ist nur zu 60 bis 70% erreicht worden. Darüber hinausgehende Mittel wurden in der GAK-Dorferneuerung eingesetzt.

Trotz der späten Genehmigung des EPPD am 23.12.1994 ist es dem Land gelungen, die Mittel für die Dorferneuerung bis zum 31.12.1996 wie geplant einzusetzen. Die besondere Schwierigkeit lag dabei in der Bereitstellung von Haushaltsmitteln aus dem Landeshaushalt, denn es mußten für drei Jahre Ziel-5b-Förderung Mittel aus zwei Haushaltsjahren des Landes gegenfinanziert werden. Wegen der schwierigen Haushaltslage kam es dabei zu einigen Problemen, die sich jedoch nach Einschätzung der Verwaltung in den nächsten Jahren erübrigen werden.

Die durch die EU-Kofinanzierung zusätzlich verfügbaren Mittel führten zu einer früheren Abwicklung der Einzelprojekte im Rahmen des mindestens fünf Jahre dauernden Dorferneuerungsverfahrens. Die Mittel ermöglichen somit die Teilnahme von weiteren Dörfern am Dorferneuerungsprogramm des Landes Schleswig-Holstein.

Grundlage für die Bewilligung von Einzelprojekten ist gemäß Dorferneuerungsrichtlinie das Vorliegen eines Dorferneuerungsplanes, der sich wiederum am Bedarf der Orte orientiert. Über diesen Weg ist sichergestellt, daß die einzelnen kofinanzierten Projekte in den Zusammenhang des Ortes eingeordnet werden und somit zur Zielerreichung der jeweiligen Pläne beitragen.

Die auf Programmebene erfaßten Indikatoren der Dorferneuerung haben sich im Verlauf der Fallstudie als nicht ganz konsistent erwiesen. Der Jahresbericht 1995 enthält nur Informationen über Projekte der Landesdorferneuerung und nicht über Projekte der GAK-Dorferneuerung. Hier sollte in Zukunft auf eine vollständige Datenerfassung geachtet werden.

3.5.5 Direkte und indirekte Wirkungen

Die Identifizierung direkter Wirkungen über die reine bauliche Erstellung verschiedenster Einrichtungen hinaus fällt wegen der Natur der Fördermaßnahme schwer. Auch in anderen Evaluierungsstudien, die die Dorferneuerung in den Mittelpunkt stellen, hat sich bestätigt, daß direkte anhaltende Einkommens- und Beschäftigungseffekte im Rahmen der für die GAK typischen Dorferneuerung in der Regel nicht zu identifizieren sind. Anders sieht die Situation für die auf der Basis der Landesrichtlinie in Schleswig-Holstein geförderten Projekte aus. In diesem Förderbereich wurde wie schon oben erwähnt eine Vollerhebung bei den öffentlichen Projekten durchgeführt.

3.5.5.1 Wirkungen der Landesdorferneuerung

Im Rahmen der durchgeführten Befragung konnten direkte Beschäftigungseffekte und damit verbunden auch Einkommenseffekte festgestellt werden. Diese hängen in der Regel mit dem Betrieb der Einrichtung zusammen. Im einzelnen wiesen neun von zwölf Projekten direkte Beschäftigungseffekte oder zumindest

Erwartungen in dieser Richtung auf. Insgesamt sollen nach Abschluß der jetzt einbezogenen Projekte 36 Arbeitsplätze geschaffen werden (vgl. Tabelle 3.9).

Tabelle 3.9: Neu geschaffene, erwartbare und geplante Arbeitsplätze im Rahmen der Dorferneuerung

Projektart	*Zahl der Projekte*	Arbeitsplätze			
		Bereits geschaffene	*In naher Zukunft erwartbare*	*Nach Fertigstellung geplante*	**Insgesamt**
Dorfläden	2	2	-	12	**14**
DGH's	6	2	7	5	**14**
Gaststätte	1	-	-	8	**8**
Insgesamt	**9**	**4**	**7**	**25**	**36**

DGH: Dorfgemeinschaftshäuser

Quelle: Eigene Zusammenstellung auf der Basis von Befragungen

Diese Arbeitsplätze sind in ihrer Struktur eher auf Teilzeitarbeitsverhältnisse angelegt. 26 dieser Arbeitsplätze werden Teilzeitarbeitsplätze sein, davon werden wiederum voraussichtlich 23 von Frauen besetzt. Aber auch die Vollzeitarbeitsplätze werden überwiegend von Frauen besetzt. Nur drei von zehn Arbeitsplätzen werden voraussichtlich von Männern besetzt. Die Einstellung von bisher Nicht-Erwerbstätigen dürfte dabei recht wahrscheinlich sein. Bei den bereits fertiggestellten Projekten wurden zwei der vier neuen Arbeitsplätze mit bisher Nicht-Erwerbstätigen besetzt, ein Anteil von immerhin 50%. Die Projektarten mit den höchsten direkten Beschäftigungseffekten in der Betriebsphase stehen mit gewerblichem Handel und Dienstleistungen (Dorfläden, Gaststätten) in Zusammenhang.

Von weiterem Interesse im Zuge der Förderung ist auch, inwieweit die eingesetzten Mittel private Initiativen und Unternehmen gefährden oder im Entstehen behindern können. Diese Wirkungen werden als Verdrängungseffekte bezeichnet. In den Fragebögen zu Projekten der Landesdorferneuerung wurde deswegen nach Betrieben im Ort gefragt, die eventuell durch die Einrichtungen öffentlich subventionierte Konkurrenz bekommen könnten.

In neun von fünfzehn Projekten bestand zumindest theoretisch die Möglichkeit der Verdrängung bestehender Einrichtungen. Das heißt, in Orten, die ein Dorfgemeinschaftshaus derzeit errichten oder errichtet haben, gab es weitere Gastronomiebetriebe oder bei der Einrichtung von Dorfläden weitere Einzelhandelsgeschäfte. Bei der Auswertung der Fragebögen konnten von diesen neun Fällen sechs ausgeschlossen werden, die aufgrund der Struktur der anderen Gastronomie – keine entsprechenden Räumlichkeiten – keine Verdrängungseffekte erwarten lassen. In weiteren Befragungen vor Ort konnte auch eine Nutzung des Dorfgemeinschaftshauses von der ortsansässigen Gastronomie nachgewiesen werden. Die Gemeinden haben die Möglichkeit, dieses Verhältnis zu beiderseitigem Vorteil auszugestalten, und nahmen diese Möglichkeit in der Regel auch wahr.

Eine besondere Schwierigkeit der Zwischenbewertung stellt die Identifizierung von Mitnahmeeffekten dar. Im Rahmen der Befragung wurde versucht, diesen unerwünschten Wirkungen mit einer Frage nach alternativen Finanzierungsmöglichkeiten und mit der Frage, ob das Projekt auch ohne die Kofinanzierung möglich gewesen wäre, nachzuforschen. Die Frage nach alternativen Finanzierungsmöglichkeiten wurde in allen fünfzehn Fragebögen mit nein beantwortet. Ob man sich im Vorfeld jedoch genügend Gedanken über alternative Finanzierungsmöglichkeiten gemacht hat, kann damit noch nicht gesagt werden. Die Frage, ob das Projekt auch ohne die derzeitige Kofinanzierung zustande gekommen wäre, wurde in zwei von fünfzehn Fragebögen mit ja geantwortet. Jedoch wurde auch deutlich gemacht, daß man den finanziellen Aufwand reduziert hätte. Eine mögliche Verschiebung des Vorhabens ohne die jetzige Kofinanzierung wurde in diesem Zusammenhang nicht gesehen. Damit bestehen nur zum Teil Mitnahmeeffekte, wie sie meist im Rahmen öffentlicher Förderung bestehen, jedoch sind diese eher als gering einzustufen.

Von besonderem Interesse für die Förderung der Dorferneuerung ist im Vergleich zu den in der Regel geringen direkten sozioökonomischen Wirkungen die Frage, inwieweit die Vorhaben einen unterstützenden Beitrag für andere regionale Vorhaben leisten oder geleistet haben. Auch dieser Aspekt wurde im Fragebogen thematisiert. In sieben von fünfzehn Antworten wurde ein Bezug zur Förderung der touristischen Infrastruktur gesehen und in zwei von fünfzehn Fällen auch ein Bezug zur Förderung der gewerblichen Infrastruktur.

Die Maßnahmen trugen tatsächlich zur Verbesserung dieser Bereiche bei, jedoch gab es keine Verbindungen zu Ziel-5b-Maßnahmen der beiden anderen

Unterprogramme. Innerhalb des Unterprogramms Diversifizierung des Agrarsektors gab es einen engen Bezug zur GAK-Dorferneuerung, in deren Rahmen das Projekt eingebunden wurde.

Unter den Projekten, die im Rahmen der Landesdorferneuerung gefördert wurden, befanden sich auch zwei Dorfläden. Für diese Projekte gab es die Möglichkeit, den volkswirtschaftlichen Nutzen teilweise zu monetarisieren. Die Bewertungsmethodik orientiert sich am Verfahren der Bundesverkehrswegeplanung und läßt sich in kurzer Form folgendermaßen beschreiben:[5]

"Der Nutzen eines [Dorf]-ladens ("Mit-Fall") wird durch die Einsparung volkswirtschaftlicher Kosten ermittelt, die bei Nicht-Vorhandensein des [Dorf]-ladens ("Ohne-Fall") anfallen würden.

- Im Ohne-Fall (...) erfolgt die Versorgung mit allen Dienstleistungen nicht direkt im Dorf
- Im Mit-Fall ist eine Versorgung im Dorf gewährleistet. Pkw-Fahrten in andere Einkaufsstätten fallen teilweise aus."

In Anlehnung an die Berechnungsweise und Zahlenwerte der eben genannten Studie kann für die beiden geförderten Dorfläden in Schleswig-Holstein folgende Kosten-Nutzen-Analyse vorgenommen werden (vgl. Tabelle 3.10):

---

5 Zu folgende Ausführungen vgl. Platz, H., Kotzagiorgis, S. Nachbarschaftsladen 2000 als Dienstleistungszentrum für den ländlichen Raum. Bundesministerium für Raumordnung (Hrsg.). Bonn 1995.

Tabelle 3.10: Kosten-Nutzen-Analyse von zwei Projekten "Förderung eines Dorfladens" in Schleswig-Holstein

	Hemme	Kleinjörl
Einwohner im Ort**	520 Einw.	700 Einw.
Zahl der Haushalte bei 3 Pers. pro Haushalt*	173 Haush.	233 Haush.
Zahl der Haushalte, die Fahrten sparen (60% der Haushalte eines Ortes)*	104 Haush.	140 Haush.
3,5 Fahrten im Monat*	364 Fahrten	490 Fahrten
Fahrtlänge in km/Jahr**	87.360 km	117.600 km
(10 km Entfernung zum nächsten Supermarkt -hin und zurück-)		
Arbeitsplätze**	0,83 Voll-AK	3,50 Voll-AK
*Einsparung an Pkw-Betriebs-, Vorhalte- und Unfallkosten (0,278 DM/km)**	*24.286,08 DM*	*32.692,80 DM*
*Wert der Zeitersparnis (8,50 DM/h)**	*18.564,00 DM*	*24.990,00 DM*
Wertschöpfung aus den Beschäftigungseffekten [1]	*10.725,00 DM*	*18.200,00 DM*
Volkswirtschaftlicher Nutzen pro Jahr	**53.575,08 DM**	**75.882,80 DM**
Barwert des Nutzens (Diskontiert mit 3% über 20 Jahre)*	797.061,91 DM	1.128.944,45 DM
Kosten der Investitionen**	89.449,26 DM	741.327,25 DM
Nettonutzen	**707.612,65 DM**	**387.617,20 DM**

Bei der Berechnung wurde unterstellt, daß die Betriebs- und Personalkosten des Dorfladens durch die Einnahmen gedeckt sind.

* Annahmen wie bei Platz, H., Kotzagiorgis, S. Nachbarschaftsladen 2000 als Dienstleistungszentrum für den ländlichen Raum. Bundesministerium für Raumordnung (Hrsg.). Bonn 1995.

** Werte aus eigener Erhebung.

[1] Von den Beschäftigungseffekten wurden in Hemme 50% der Wertschöpfung angesetzt, da eine von zwei Arbeitskräften vorher ohne bezahlte Arbeit war. Für Kleinjörl wurden 20%, wie bei der unter * genannten Studie angenommen

Quelle: Eigene Erhebungen und eigene Berechnungen.

Auch wenn einige der Annahmen aus der Studie über den Nachbarschaftsladen 2000 nicht vollkommen auf die beiden Dorfläden in Schleswig-Holstein übertragen werden können, ergibt sich ein nachweisbarer volkswirtschaftlicher Netto-Nutzen bei beiden Projekten.

Über die Nutzung der Dorfgemeinschaftshäuser konnten nicht in allen Fällen Aussagen erwartet werden, da sie sich noch im Bau befanden oder der Betrieb erst gerade begonnen hatte. Im Durchschnitt finden in den Dorfgemeinschaftshäusern 113 Veranstaltungen im Jahr statt. Dabei reicht die Spanne von 45 bis 200 in den verschiedenen Orten. Im Durchschnitt nutzen acht Vereine die Einrichtung. Auch hier ist die Spanne sehr groß und reicht von fünf bis zu neunzehn Vereinen. Im Jahresdurchschnitt werden die Einrichtungen von ca. 3.200 Personen pro Einrichtung genutzt. Je nach Größe des Ortes und der Einrichtung reicht diese Zahl von ca. 900 bis zu 8.000 Personen. Weiterhin wurde nach den Erwartungen für die Nutzung der Gemeinschaftseinrichtung in zwei Jahren gefragt. Dabei ergaben sich Steigerungen der Nutzungsfrequenz auf im Durchschnitt 162 Veranstaltungen pro Jahr, zwölf nutzende Vereine und an die 4.700 nutzende Personen.

Der dauerhafte Betrieb der Dorfgemeinschaftshäuser und damit ihre nachhaltige Nutzung als Gemeinschaftseinrichtung muß in einigen der Förderfälle skeptischer beurteilt werden. In vier der Einrichtungen werden keine Einnahmen erzielt. In vier weiteren werden Einnahmen erzielt, die jedoch zu gering sind, um die Betriebskosten der Einrichtung zu decken. In fünf Fällen wird die Deckung der Betriebskosten zumindest für die Zukunft erwartet. Die Deckung der Betriebskosten über die Vermietung der Einrichtung für private Feierlichkeiten wird jedoch in einigen Einrichtungen angestrebt.

3.5.5.2 GAK Dorferneuerung

Die Befragung der ALW im Ziel-5b-Gebiet Schleswig-Holstein ergab, daß der Einsatz der EU-Mittel hauptsächlich von einer Strategie des problemlosen Mitteleinsatzes und eines geringen Verwaltungsaufwandes geprägt ist. Die einzelnen durch den EAGFL kofinanzierten Projekte sind daher nicht separat evaluierbar. Auf eine spezifische Befragung nach den Wirkungen jedes einzelnen Projektes wurde deshalb verzichtet, da zur Beurteilung dieser Einzelprojekte eine Einordnung in den Gesamtzusammenhang der Dorferneuerung wichtiger ist.

Deshalb wurden einerseits Dörfer besichtigt, in denen EAGFL-Mittel mit eingesetzt worden sind, und andererseits Experteninterviews mit Sachbearbeitern der ALW, des Kreises, Repräsentanten der Kommunalverwaltung, Bürgermeistern und Planern geführt. Die Auswahl der Orte mußte sich dabei an charakteristischen Dorferneuerungen im Programmgebiet orientieren, da eine Gesamterhebung aller annähernd 60 Orte aufgrund der verfügbaren Ressourcen für die Studie nicht durchführbar gewesen wäre. Auch wenn der Anteil von EU-Mitteln in einigen Orten nur sehr gering gewesen ist, kann diese Vorgehensweise gerechtfertigt werden, da die oben genannte Befragung ergab, daß sich die inhaltliche Ausgestaltung der EU kofinanzierten GAK-Dorferneuerung nicht von der sonstigen GAK-Dorferneuerung unterscheidet.

Anhaltende direkte Einkommens- und Beschäftigungseffekte, die ausschließlich auf die Projekte der GAK-Dorferneuerug zurückzuführen waren, ließen sich im Rahmen der Studie nicht ermitteln. Erst in Kombination mit anderen Aktivitäten im Ort, die durch die Dorferneuerung unterstützt werden, entfalten sich diese Effekte. Auf diese wird weiter unten eingegangen.

Die Mitnahmeeffekte im Bereich der Dorferneuerung wurden von verschiedenen Interviewpartnern geschätzt. Nach deren Aussagen würden nur 20 bis 30% der jetzt investierten Mittel auch ohne die Förderung für ähnliche Aufgaben in der Gemeinde verwendet werden. Dieser Wert hat in etwa die Größenordnung der finanziellen Beteiligung, die von Seiten der Gemeinde im Laufe einer Dorferneuerung aufgebracht werden muß (25%), und erscheint deshalb plausibel.

Die wichtigsten Wirkungen sind, wie sich auch schon in anderen Evaluierungen der Dorferneuerungen im Zuge von Ziel-5b gezeigt hat, die Nebeneffekte der Dorferneuerung. Die Maßnahme ist insgesamt als unterstützendes Instrument für andere Aktivitäten im Ort oder in der näheren Umgebung anzusehen. Die besichtigten Dorferneuerungsverfahren in Schleswig-Holstein, die in ihrer Art typisch für das Gesamtprogramm der Dorferneuerung sind, konnten in drei Kategorien eingeteilt werden:

- Dorferneuerung im Zusammenhang mit Denkmalpflege,
- Dorferneuerung im Zusammenhang mit Tourismus und
- Dorferneuerung im Zusammenhang mit Wohnfunktionen.

Die Kategorien ließen sich dabei nicht in jedem Fall ganz klar trennen, so daß es sich dabei um eine Kennzeichnung der vorrangigen Strategie handelt.

Im Zusammenhang mit Denkmalpflege wurde die Dorferneuerung vorrangig zur angepaßten Gestaltung des nicht denkmalgeschützten Umfeldes genutzt. Als Anreizinstrument zur angepaßten und aufwendigeren Sanierung von Straßen, Gebäuden und Plätzen diente sie vorrangig dem teilweisen Ausgleich des Mehraufwandes, der dafür erforderlich ist. Mittelbar dient sie damit auch dem Tourismus, da denkmalgeschützte Orte in der Regel auch eine touristische Attraktion darstellen. Im Zuge von Tourismusaktivitäten diente die Dorferneuerung zum Teil der Lenkung von saisonalen Besucherströmen, der Erstellung von Parkplätzen zur Entlastung der Ortskerne, zur Erstellung von Informationstafeln über den Ort und für Tourismusinformationen. Damit leistet die Dorferneuerung eindeutig unterstützende Beiträge, die durch die angestrebte dorfgemäße Gestaltung der Einrichtungen, das von Touristen gewünschte typisch dörfliche Ortsbild erhält. Im Zusammenhang mit der Förderung der Wohnfunktion der Orte wurde die Dorferneuerung eingesetzt, um Ortsstraßen zu befestigen, zur Verkehrssicherheit beizutragen und damit Dörfer auf einen Standard zu bringen, der den Zuzug neuer Einwohner fördert. Dabei wurde oft die Verbindung mit Gemeinschaftseinrichtungen erreicht.

Im Umfeld von Dorferneuerungsverfahren bieten sich Möglichkeiten der Verbindung zu anderen Maßnahmen, die auch im Unterprogramm I (EAGFL) gefördert werden. Diese Synergieeffekte werden in der Regel jedoch nicht systematisch angestrebt. Vielmehr läßt sich die Verbindung mehrerer Maßnahmen auf das Engagement der Beteiligten in der Gemeinde zurückführen. Für die Zukunft wird die Hoffnung geäußert, daß durch die neue Dorferneuerungsrichtlinie diese Belange verstärkt berücksichtigt werden. Diesbezügliche Fragen ließen die systematische Ausarbeitung dieser Synergiepotentiale bisher aber nicht erkennen.

Als erfolgreich wird eine Dorferneuerung von Seiten der Verwaltung bewertet, wenn "sich aus der Dorferneuerung weitere Aktivitäten im Ort entwickeln". Eine Messung dieses Erfolgskriteriums wurde bisher nicht vorgenommen. Auch die Überprüfung, unter welchen Umständen die Dorferneuerung ebendies zur Folge hat, ist bisher nicht nach offiziellen Kriterien erfolgt. Die Nachhaltigkeit der Dorferneuerung hängt aber gerade von diesem Erfolgskriterium ab, so daß an dieser Stelle eine stärkere Überprüfung der Rahmenbedingungen für erfolgreiche und weniger erfolgreiche Dorferneuerungen angestrebt und auf dieser Basis eine Art von Qualitätswettbewerb installiert werden sollte.

3.5.5.3 Beschäftigungseffekte der Dorferneuerung

Bei der Analyse von weiteren indirekten Wirkungen der Maßnahme werden immer wieder Beschäftigungseffekte durch die getätigten Bauleistungen betont. Dazu muß gesagt werden, daß diese Effekte vorübergehend im Rahmen jeder Investition auftreten, beim Autobahnbau oder Küstenschutzmaßnahmen genauso wie beim Errichten einer Gartenmauer, vorausgesetzt man erstellt diese nicht in Eigenleistung. Für die regionale Entwicklung ist die räumliche Verteilung dieses Effektes von besonderer Bedeutung. Die folgende Tabelle 3.11 gibt einen Überblick über die Auftragsvergabe der im Zuge der Landesdorferneuerung durchgeführten Projekte einschließlich der regionalen Verteilung auf andere Regionen.

Tabelle 3.11: Regionale Verteilung der Auftragsvergabe im Rahmen der Landesdorferneuerung im Ziel-5b-Gebiet (Stand 10/1996)

Merkmal	*Gemeinde/ Amtsbezirk*	*Übriger Landkreis*	*Übrige Regionen*
Zahl der beteiligten Unternehmen	37	98	40
Summe der vergebenen Aufträge in DM	1.360.213	4.362.603	1.283.391
Anteil an den vergebenen Auftragssummen in %*	19	62	18

* Ergibt nicht 100 aufgrund von Rundungsungenauigkeiten.

Quelle: Eigene Zusammenstellung auf der Basis von Befragungen.

Insgesamt wurden in elf Fragebögen für Projekte gemäß Landesrichtlinie Angaben zur regionalen Auftragsvergabe gemacht. Da die Projekte unterschiedlich weit fortgeschritten waren, spiegelt diese Auftragsvergabe nur den Stand bis Oktober 1996 wider.

Ein wesentlicher Teil der Auftragssummen bleibt zumindest in der näheren Umgebung des Ortes und der Gemeinde. Faßt man die vergebenen Auftragssummen an die Unternehmen im Amtsbezirk und dem übrigen Landkreis zusammen, entfallen über 80% der Auftragssumme auf diese Region. Für private Projekte ist der Radius der Auftragsvergabe meist noch enger als bei Vorhaben in öffentlicher Trägerschaft.[6] Da man diesen Bereich auch als engeren Bereich für die Arbeitsplätze der Erwerbstätigen des Ortes ansehen kann, ist auch von den vergebenen Aufträgen ein indirekter zeitlich befristeter Beschäftigungseffekt in den Ziel-5b-Gebieten zu erwarten. Weiterhin bestätigt sich, daß ein großer Teil der Fördermittel in den Ziel-5b-Gebieten verbleibt.

Die Projekte der Dorferneuerung werden in der Regel durch handwerkliche Leistungen erstellt, die im Rahmen von öffentlichen Projekten besonders im Bereich des Maurer-, Straßen-, Landschaftsbaus sowie der Zimmerei und Dachdeckerei liegen. Die getätigten Investitionen haben im engeren regionalen Umkreis indirekte Wirkungen auf die mit der Erstellung beauftragten Unternehmen. In Anlehnung an die Beschäftigten und den Umsatz des Handwerks lassen sich folgende Umsatzgrößen pro Beschäftigten ermitteln (vgl. Tabelle 3.12).

Tabelle 3.12: Umsätze und Beschäftigte der von der Dorferneuerung hauptsächlich profitierenden Handwerkszweige

Handwerkszweig	Geschätzter Gewichtungsfaktor	Umsatz in Mrd. DM*	Beschäftigte in Tsd.	Umsatz/ Beschäftigte in Tsd. DM
Maurer, Beton-, Stahlbeton- und Straßenbauer	0,6	89,3672	550,4	162
Zimmerer	0,2	9,0046	66	136
Dachdecker	0,2	10,1554	75,6	134
Geschätztes Mittel	1			152

* ohne Mehrwertsteuer

Quelle: Eigene Berechnungen; Bundesministerium für Wirtschaft.

[6] Dies bestätigen Ergebnisse aus einer früheren Erhebung in Sachsen-Anhalt. Vgl. Tissen, G. Darstellung und Bewertung der Durchführung der Strukturfondsinterventionen des EAGFL-A- in der Förderphase von 1991 bis 1993 für den Schwerpunkt 7/8 des GFK Sachsen-Anhalt. Abschlußbericht für das Landwirtschaftsministerium Sachsen-Anhalt. Braunschweig. Mai 1995.

Von den öffentlichen Mitteln, die durch den EAGFL zusätzlich in die Dorferneuerung fließen,[7] müssen die Mehrwertsteuer und geringe Mittel für den Erwerb von Flächen und Gebäuden abgezogen werden. Es verbleibt dann in etwa ein Volumen von unter 6 Mio. DM. Bei vorsichtiger Schätzung kann man auf dieser Basis von einem zeitlich befristeten Beschäftigungseffekt von ca. 40 Personenjahren ausgehen.[8]

Eine Untersuchung von Geuenich und Heilig kommt hinsichtlich der multiplikativen Beschäftigungseffekte in Zuliefersektoren im Jahr 1980 zu einem Multiplikator von 1,45.[9] Das heißt, daß achtzehn weitere zeitlich befristete Arbeitsplätze durch die Ausgaben temporär geschaffen bzw. gesichert worden wären.

3.5.6 Übereinstimmung mit anderen regional wirksamen Politiken

Durch den Strukturwandel in der Landwirtschaft haben sich die Funktionen und auch die wirtschaftlichen Aktivitäten in den Orten wesentlich geändert. Die Dorferneuerung ist ein unterstützendes Instrument für die Anpassung an touristische Erfordernisse und an Erfordernisse des Wohnens und hilft mit, die Folgen der Reform der gemeinsamen Agrarpolitik der EU durch Flankierung von Erwerbsalternativen außerhalb des Agrarsektors abzumildern.

Die nachhaltige Schaffung von Arbeitsplätzen bei Projekten der Landesdorferneuerung kommt in besonderem Maße Frauen zugute, wie sich an den Befragungsergebnissen gezeigt hat.

Eine Berücksichtigung von Umweltaspekten wird im Dorferneuerungsverfahren durch Einbeziehung der unteren Naturschutzbehörde und durch die Einbeziehung der Grüngestaltung des Ortes in das Verfahren erreicht. Die konkreten

---

7 Aufgrund von Äußerungen in Interviews wird davon ausgegangen, daß die sonstigen öffentlichen Kofinanzierungsmittel in jedem Fall der Dorferneuerung zugute gekommen wären.

8 Zur Vorgehensweise vgl. Grajewski, R., Schrader, H., Tissen, G. Vorschläge für die Wirkungsanalyse und Bewertung von Maßnahmen zur Anpassung der Agrarstruktur und zur Entwicklung der ländlichen Räume in den neuen Bundesländern gemäß Ziel 5a und 5b der Reform der EG-Strukturfonds (1991-1993). Braunschweig 1995; Goldrian, G., Langmantel, E. Beschäftigungseffekte durch Flurbereinigung und Dorferneuerung in Bayern. München 1991.

9 Geuenich, G., Heilig, B. Beschäftigungseffekte agrarstruktureller Manahmen. Münster-Hiltrup 1981.

Maßnahmen sind oft mit einem Rückbau von Verkehrsflächen verbunden und dienen damit direkt dem Umweltschutz.

3.5.7 Zusammenfassung und Schlußfolgerungen

Die Dorferneuerung in Schleswig-Holstein ist im eigentlichen Sinne keine Maßnahme, sondern ein Programm mit einer Vielzahl von Projektkategorien, das durch die Ziel-5b-Politik des Landes ergänzt bzw. verstärkt wird. Nur etwa 5 bis 10% der Dorferneuerungsmittel in den Ziel-5b-Kreisen stammen aus dem Ziel-5b-Programm. Die Leitlinien der Dorferneuerung werden dabei mehr durch die Landesrichtlinie als durch das Ziel-5b-Programm geprägt.

Die Mittel aus dem EAGFL wurden in der Regel in einzelnen öffentlichen Projekten eingesetzt, die Bestandteil eines Dorferneuerungsverfahrens waren. Leitlinie für den Einsatz der Mittel war insbesondere im GAK-Bereich die einfache verwaltungstechnische Handhabung.

Die Fördermittelempfänger zeigten sich nach der Förderung zufrieden mit der Mittelausstattung, den Förderauflagen und der Beratung durch ALW bzw. Kreisämter, auch wenn in einzelnen Fällen bei der Planung der einzelnen Projekte Unstimmigkeiten über die Gestaltung aufgetreten waren.

Die Umsetzung der Dorferneuerung wies keine größeren Probleme auf, da schon langjährige Erfahrungen mit dem Programm bestanden. Die Einbindung der EAGFL-Mittel führte lediglich in den 1994 neu hinzugekommenen Ziel-5b-Gebieten zu Schwierigkeiten, die nach Aussagen der Betroffenen mittlerweile jedoch ausgeräumt werden konnten. Dennoch zeigten sich in der zuständigen Verwaltung Unklarheiten über die Kofinanzierungsmodalitäten für den Einsatz der Mittel, z.B. bei der Frage auf welcher Förderebene (Projekt, Maßnahme), auf welcher regionalen Ebene (Kreis, gesamtes Ziel-5b-Gebiet) und in welcher zeitlicher Hinsicht die Quote von 40% EU-Mittel gemäß EPPD sichergestellt werden muß. Die Klärung dieses Sachverhaltes und eine evtl. erforderliche Koordinierung könnte die Abwicklung wesentlich erleichtern.

Da die meisten Projekte auf die Gestaltung und Verbesserung von ländlichen Infrastrukturen ausgerichtet sind, fällt eine Identifizierung von Beschäftigungs- und Einkommenswirkungen zum jetzigen Zeitpunkt von Natur aus schwer. Die untersuchten Projekte der Landesdorferneuerung ergaben für die unmittelbare

Zukunft dauerhafte Beschäftigungseffekte von acht Vollzeitarbeitsplätzen und 26 Teilzeitarbeitsplätzen, die insgesamt weit überproportional Frauen eine Beschäftigung bieten oder bieten werden. Diese Effekte traten besonders in Projekten wie Dorfläden und Dorfgasthöfen auf.

Die zusätzlichen nur vorübergehenden indirekten und multiplikativen Beschäftigungseffekte der in der Dorferneuerung eingesetzten EAGFL-Mittel können nach vorsichtigen Schätzungen mit 58 Personenjahren quantifiziert werden. Jedoch spricht in diesem Zusammenhang lediglich die regional stärker konzentrierte Auftragsvergabe für eine Bevorzugung dieser Maßnahme gegenüber anderen investiven Fördermaßnahmen.

Verdrängungs- und Mitnahmeeffekte konnten nicht in größerem Umfang festgestellt werden. Als besonders entscheidend für den Erfolg der Dorferneuerung hat sich die Verbindung insbesondere mit touristischen Aktivitäten in der Region erwiesen. Gerade in einer solchen Verbindung machen auch die anderen Ziele der Dorferneuerung, wie z.B. Entsiegelung von Flächen, Gestaltung von Bausubstanz, Einbindung des Ortes in die Landschaft, Anlage von Freizeitflächen im Ort, einen besonderen Sinn. Die Bedeutung der Verbindung der Dorferneuerung mit anderen regionalen Aktivitäten ist erkannt worden, wie sich an der neuen Dorferneuerungsrichtlinie vom Sommer 1995 zeigt. Eine gezielte Auswahl von Orten oder Gemeinden nach diesen Kriterien konnte im Rahmen der Fallstudien jedoch nicht nachgewiesen werden, was allerdings auf die Umstellung der Verfahren von der alten auf die neue Richtlinie zurückzuführen sein könnte. Eine Offenlegung der in der Richtlinie vorgesehenen Auswahlkriterien würde die Dorferneuerung in dieser Hinsicht zu einem effektiveren Instrument für die ländliche Entwicklung machen.

Eine Gegenüberstellung und Hochrechnung von Wirkungen aus der Fallstudie auf die Maßnahmenebene ist abschließen der Tabelle 3.13 zu entnehmen.

Tabelle 3.13: Zusammenfassung der Ergebnisse der Fallstudie Dorferneuerung und Einordnung auf Maßnahmenebene

Indikator	Fallstudienebene	Maßnahmenebene
EAGFL-Mittel	2,902 Mill. ECU	3,844 Mill. ECU
Öffentliche Mittel (bewilligt)	8,350 Mill. ECU	9,610 Mill. ECU
Zahl der erreichten Orte	55	71
Zahl der Projekte	73	96
Zahl der Projekte mit dauerhafter Beschäftigungswirkung (Dorfläden, Gatronomie)	9	> 3 + 6 (private Projekte)
- deren Beschäftigungswirkung	36 (inkl. Teilzeit)	> 36 (inkl. Teilzeit)*
Ermittelte direkte Beschäftigungseffekte (neue Arbeitsplätze)	8 Vollzeit 26 Teilzeit überwiegend für Frauen (ca. 70%)	> 8 Vollzeit* > 26 Teilzeit* überwiegend für Frauen (ca. 70%)*
Indirekte und multiplikative Beschäftigungseffekte der eingesetzten EAGFL-Mittel (grob geschätzt)	58 Personenjahre	77 Personenjahre*

* Hochrechnung aus der Fallstudie auf Maßnahmenebene

Quelle: *Eigene Zusammenstellung*

3.6 Zusammenfassung und Empfehlungen

Zusammenfassend läßt sich für das gesamte Unterprogramm I (EAGFL) folgendes festhalten:

Obwohl eine Vielzahl von unterschiedlichen Indikatoren gesammelt wird, ist deren Nutzen für die Steuerung des Programms nicht immer zu erkennen. So stellten sich im Verlaufe der Studie z.B. Inkonsistenzen heraus. Nur ein kleiner Teil der Indikatoren kann entsprechenden Zielformulierungen aus dem EPPD gegenüber gestellt werden. Die Relevanz der Indikatoren für die jeweiligen Ziele der Maßnahme ist nur in wenigen Fällen gegeben. So ist es nicht verwunderlich, daß die Indikatoren nicht zur Programmsteuerung im Begleitausschuß genutzt werden. Neben einer Überarbeitung des Indikatorensystems sollte auch die Nutzung der EDV für die Erfassung und Auswertung sowie die Einzelberichterstattung für jedes Projekt auf der Basis von Formularen eingeführt werden. Nur so kann das Indikatorensystem an Aussagekraft und Aktualität gewinnen.

Die Vollzugskontrolle gibt bei einem Bewilligungsstand von 112 % gemessen an den öffentlichen Mitteln keinen Anlaß zur Vermutung, daß in den nächsten drei Jahren größere Abwicklungsprobleme auftreten werden. Gleiches gilt bei der Betrachtung des Auszahlungsstandes. Wendet man den Blick einzelnen Maßnahmen zu, so sollte auf jeden Fall im Förderschwerpunkt 2 eine Reduzierung der eingeplanten Mittel vorgenommen werden, da das Förderangebot derzeit auch bei entsprechend freier Handhabung nicht auf genügend Nachfrage stößt. Auch für die Maßnahme I/1.2 (Infrastruktur für Urlaub auf dem Bauernhof) sollte die Planung überprüft werden. Gegebenenfalls könnten Projekte dieser Maßnahme auch im Rahmen der Dorferneuerung oder Flurbereinigung gefördert werden.

Die Beurteilung der Zielerreichung bereitet aufgrund der oben beschriebenen Indikatorenprobleme erhebliche Schwierigkeiten. Die dokumentierten Indikatorwerte legen einerseits den Schluß nahe, daß es zu Beginn des EPPD sehr schwierig war, zuverlässige Schätzungen vorzunehmen, und andererseits Probleme bereitete, sehr heterogene Maßnahmen, die in engerem Sinne schon wieder eigene Programme darstellen, mit geeigneten Indikatoren abzubilden. Dies zeigt sich besonders bei den Maßnahmen Dorferneuerung (I/1.1) und Abwasserbeseitigung (I/1.3), bei denen die Zielerreichungsgrade gemessen an den Indikatoren um 50 - 60 % auseinanderklaffen. In den meisten Maßnahmen wird jedoch die angestrebte Zielerreichung von 50 % für die Teilperiode 1994 bis 1996 annähernd erreicht oder überschritten. Die Maßnahme Infrastruktur für Urlaub auf dem Bauernhof bestätigt noch einmal die bereits in der Vollzugskontrolle festgestellten Probleme.

Die Wirkungsanalyse konzentriert sich auf die Untersuchung der Beschäftigungseffekte der einzelnen Maßnahmen und des Unterprogramms. Durch die Erstellung der verschiedenen Einrichtungen konnte ein befristeter Beschäftigungseffekt von annähernd 270 Personenjahren ermittelt werden. Dieser tritt bei Maßnahmen mit hohem Investitionsvolumen verstärkt auf. Weitergehende direkte Arbeitsplatzeffekte konnten im wesentlichen nur im Rahmen der Fallstudie Dorferneuerung und hier insbesondere im Rahmen der Landesdorferneuerung festgestellt werden. Hinzu kommen noch zwei Arbeitsplätze im Forst, die aufgrund der Pflege der neu aufgeforsteten Flächen erforderlich werden. Umgerechnet in Vollzeitäquivalente kann von einer Schaffung von ca. 20 Arbeitsplätzen ausgegangen werden, die in der Dorferneuerung zu etwa 70 % von Frauen besetzt werden.

Aufgrund der direkten Beschäftigungseffekte und der positiven Effekte auf die Beschäftigungssituation von Frauen sollte eine Verstärkung des Mitteleinsatzes im Bereich der Landesdorferneuerung angestrebt werden soweit eine Nachfrage besteht. Die Fallstudie ergab in diesem Bereich erhebliche positive Effekte auf die Situation ländlicher geprägter Gemeinden, die durch kein anderes Instrument im Unterprogramm erreicht werden können.

4 Unterprogramm II: Entwicklung und Diversifizierung der außerlandwirtschaftlichen Sektoren

4.1 Ziel der Untersuchung und Methode

Das Ziel der hier vorgelegten Zwischenevaluierung besteht darin, für den Zeitraum 1994 bis 1996 die Wirksamkeit des EFRE-Einsatzes im Rahmen des Regionalprogramms in Schleswig-Holstein im Sinne einer Vollzugs- und Zielerreichungskontrolle (Soll-Ist-Vergleich) zu erfassen und abzuschätzen. Die Bewertung erfolgt vor dem Hintergrund der wirtschaftspolitischen Ziele der Landesregierung und der strategischen Ziele der europäischen Strukturpolitik. Aus den Ergebnissen sind Schlußfolgerungen hinsichtlich notwendiger Modifikationen in den Förderkonditionen, verwaltungstechnischen Abläufen etc. abzuleiten.

Bei der hier beschriebenen Evaluierung werden operationale Unterziele mit Indikatoren formuliert, und es werden die Wirkungen der Fördermaßnahmen auf diese Unterziele durch gezielte Primärerhebungen mikroökonomisch überprüft. Dabei wird unterstellt, daß sich ein positiver Beitrag zu diesen Unterzielen mittel- bis langfristig auf die Verbesserung der regionalen Wettbewerbsfähigkeit und das regionale Wachstum als Oberziel auswirkt.

Ausgangspunkt für die Bewertung ist die Analyse der wesentlichen sozioökonomischen Strukturen in Schleswig-Holstein und seiner Förderregionen sowie die Beobachtung ihrer Entwicklung im zu betrachtenden Förderzeitraum[1]. Aus der Einordnung der Förderregionen Schleswig-Holsteins in das wirtschaftliche Gefüge des Bundeslandes ergeben sich Informationen über die relative Position der Region sowie über die besondere Standortsituation und damit gleichzeitig auch über spezifische Entwicklungsvorteile und -hemmnisse.

Zunächst werden die Ziele, Aufgaben und Instrumente des Regionalprogramms in den Kontext der europäischen und der nationalen Regionalpolitik auf Bundes- und Landesebene und der lokalen Wirtschaftsförderung in Schleswig-Holstein gestellt und auf Zielkonsistenz geprüft. Wie die Maßnahmen an den aus dem Zielsystem abgeleiteten Engpässen und Problemen des Landes anset-

---

[1] Vgl. Gornig/Toepel (1997), Kapitel 2 und Kapitel 2.2 der vorliegenden Untersuchung.

zen, wird anhand der Verteilung der Mittel und ihrer Umsetzung in Form der einzelnen Fördermaßnahmen gezeigt. Dabei wird gleichzeitig auf den Grad an horizontaler und vertikaler Integration der Förderaktivitäten eingegangen.

Bei der Vollzugskontrolle wird zunächst der Mittelfluß untersucht. Es werden die Bewilligungen und Auszahlungen zum 31.12.1996 als ein Soll-Ist-Vergleich mit den jeweiligen geplanten Mitteln gegenübergestellt. Anhand der Ausschöpfung und Inanspruchnahme der Mittel können Rückschlüsse auf die Akzeptanz und den Verlauf der Förderung gezogen werden.

Im Zusammenhang mit diesem Analyseschritt steht auch die Untersuchung der Verfahren zur Umsetzung der Fördermaßnahmen (Verwaltungshandeln) und der ggf. vorhandenen organisatorisch-technischen Probleme. Im Mittelpunkt steht hier das Funktionieren des Qualitätswettbewerbs[2]. Verwaltungstechnische Tatbestände werden anhand von Einzelgesprächen mit Experten aus Wirtschaft und Verwaltung ermittelt und bewertet.

Für die Wirkungsanalyse lassen sich anhand der Angaben der Zuwendungsempfänger in den bewilligten Förderanträgen auch erste Informationen über die Struktur der Begünstigten und die induzierten Wirkungen der Förderung gewinnen. Dazu zählen u.a. die Anzahl der Vorhaben, das Investitionsvolumen und die neugeschaffenen bzw. gesicherten Arbeitsplätze, gegliedert nach Sektor und Betriebsgröße der Begünstigten, nach deren regionaler Struktur. Hierbei ist jeweils nach den unterschiedlichen konkreten Förderprojekttypen (Gewerbegebiete, Technologie- und Gründerzentren, Ausbildungsstätten etc.) zu unterscheiden, da sich die Vielfalt der Projekte auch in der Auswahl valider Indikatoren niederschlägt. Dieser Schritt erfolgt weitestgehend als Sekundärauswertung der Projektunterlagen.

Der Erfolg der Förderung durch das Regionalprogramm in Schleswig-Holstein wird daran gemessen, inwieweit der Einsatz der Mittel den Zielvorstellungen des Förderprogramms als Ganzes und seiner einzelnen Maßnahmen gerecht wird. Diese Erfolgskontrolle regionalpolitischer Maßnahmen setzt die Formulierung operationaler Ziele und daraus abgeleiteter Modelle und Indikatoren voraus, anhand derer der Zielerreichungsgrad der eingesetzten Instrumente ge-

---

2 Vgl. dazu auch Gornig/Toepel (1996), Kapitel 4.1.

messen werden kann. Diese lagen jedoch nur begrenzt vor. Für die ex-post Evaluierung des Programms wird daher das Verfahren des Einzel-Indikatoren-Ansatzes praktiziert.

Dieses Verfahren besteht darin, auf der Mikroebene durch eine Befragung der geförderten Projektträger Merkmale zu erheben, die zunächst eine Zurechnung von kurzfristigen Wirkungen der Einzelmaßnahmen erlauben. Dazu sind entsprechend aussagefähige Indikatoren in Abhängigkeit vom Projekttyp auszuwählen. Diese Befragung der Begünstigten soll - in Ergänzung zu den im Begleitsystem erfaßten und bereits ausgewerteten Merkmalen - dazu beitragen, ein Bild u.a. über die vorgenommenen Investitionen, Arbeitsplätze und Nutzungsaspekte der geförderten Vorhaben zu gewinnen. Ergänzend und beispielhaft werden Fallstudien durchgeführt, um weitere Anhaltspunkte über die Sachdienlichkeit, Effizienz und Wirksamkeit der Förderinstrumente zu gewinnen.

Der Versuch einer genauen Ermittlung des Zielbeitrags im Sinne einer Effektivitätsanalyse stößt bisher allerdings auf ungelöste methodische Schwierigkeiten. Sie setzt streng genommen voraus, daß Aussagen darüber gemacht werden können, welche Entwicklung die einzelnen Zielvariablen ohne die zu untersuchenden Fördermaßnahmen genommen hätten. Dies ist jedoch im regionalen Bezug nicht leistbar[3] bzw. nur mit sehr hohem Aufwand.

Zusammenfassend wird aus den Erkenntnissen der einzelnen Analysebausteine eine erste komplexe Bewertung des EFRE-Einsatzes in Schleswig-Holstein vorgenommen, und es werden ggf. Vorschläge zur Verbesserung der Effizienz der Programmdurchführung abgeleitet. Das dazugehörige System der Erfassung, Verarbeitung und Verwendung der notwendigen Informationen wird analysiert, um daraus ggf. Verbesserungsvorschläge abzuleiten.

4.2 Ziele und Modalitäten der EFRE-Förderung und Einordnung in die Wirtschaftspolitik des Landes

Die Wirtschaftspolitik in Schleswig-Holstein ist daran ausgerichtet, die Attraktivität des Wirtschaftsstandortes Schleswig-Holstein zu erhöhen. Dazu werden als strategische Faktoren der Ausbau der Infrastruktur und die Verbesserung des

---

[3] Vgl. Gornig/Toepel (1996), Kapitel 3.2.

Klimas für Investitionen und Innovationen in den Mittelpunkt der Wirtschaftspolitik gestellt. Im Ergebnis sollen die Beschäftigungsmöglichkeiten gesichert und ausgebaut werden[4]. Der regionalen Strukturpolitik als Teil der Wirtschaftspolitik des Landes kommt insbesondere die Aufgabe zu, neue Beschäftigungschancen im ländlichen Raum zu schaffen.

Hauptinstrumente der regionalen Wirtschaftsförderung in Schleswig-Holstein sind die Gemeinschaftsaufgabe "Verbesserung der regionalen Wirtschaftsstruktur" (GRW) und das Regionalprogramm in Verbindung mit dem Europäischen Fonds für Regionale Entwicklung (EFRE). Die Fördergebiete der einzelnen Programme weichen jedoch z. T. erheblich voneinander ab.

Als Oberziel des Regionalprogramms ist die Verbesserung der Beschäftigungslage und der Qualifizierung der Erwerbspersonen anzusehen[5]. Im Rahmen der Programmsteuerung wird als Schwerpunktbereich des Regionalprogramms die Unterstützung von Investitionen in die wirtschaftsnahe Infrastruktur festgelegt. Zusätzlich können auch andere Projekte mit Infrastrukturcharakter gefördert werden (Ergänzungsbereich). Vorrang in der Förderung erhalten fachübergreifende "regionale Leitprojekte" mit überörtlicher Bedeutung und modellhaftem Charakter für die jeweilige Region.

Das Regionalprogramm ist - wie bereits erwähnt - eng mit dem operationellen Programm der Europäischen Union für das Ziel-5b-Gebiet in Schleswig-Holstein verknüpft. Im Rahmen dieses Programms soll mit Hilfe der europäischen Strukturfonds (EAGFL, EFRE, ESF) die Entwicklung und Strukturanpassung ländlicher Regionen unterstützt werden. Die Mittel des Regionalprogramms werden zur Kofinanzierung der EFRE-Mittel eingesetzt, d.h. die Projektauswahl für den EFRE erfolgt nach den Kriterien des Regionalprogramms. Das Unterprogramm II des Einheitlichen Programmplanungsdokuments (EPPD), d.h. der Programmteil des EFRE, steht unter dem Ziel der Entwicklung und Diversifizierung der außerlandwirtschaftlichen Sektoren. Dieses Unterprogramm umfaßt neben der technischen Hilfe ausschließlich Vorhaben zur Verbesserung der wirtschaftsnahen Infrastruktur und der Standortvoraussetzungen

---

[4] Vgl. Jahreswirtschaftsbericht 1994, S. 61, und Jahreswirtschaftsbericht 1995, S. 109.

[5] Vgl. Gornig/Toepel (1996), Kapitel 2.1 und 5.2.

für die wirtschaftliche Entwicklung. Die Fördertatbestände umfassen die des Regionalprogramms. Im EFRE-Unterprogramm wird jedoch der Ausbau von Hafeneinrichtungen separat genannt; im Regionalprogramm nur innerhalb der nachrangigen „sonstigen Projekte".

Die Ausrichtung der Förderung des Regionalprogramms und damit des EFRE auf infrastrukturelle Maßnahmen wird durch wissenschaftliche Erkenntnisse zu den Ursachen regionaler Unterschiede in der wirtschaftlichen Leistungsfähigkeit empirisch gestützt. Dies gilt in erster Linie für den Kernbereich wirtschaftsnaher Infrastruktur, aber auch für ergänzende Infrastrukturmaßnahmen im Grenzbereich zur haushaltsorientierten Infrastruktur (Bildungs- und Kultureinrichtungen), denen eine Funktion für die regionale Spezialisierung zukommt[6]. Die generellen Defizite in der Basisinfrastruktur im ländlichen Raum Schleswig-Holsteins[7] sprechen für eine hohe Priorität bei der Förderung wirtschaftsnaher Infrastruktur. Die Identifizierung der Engpaßfaktoren und damit die Auswahl der konkreten Projekte ist nur von der Ausgangssituation und den regionalen Entwicklungszielen ableitbar. Die regionalen Ziele sind bisher noch unzureichend analysiert und beschrieben.

Durch das Regionalprogramm können Projekte aus strukturschwachen Regionen zusätzlich gefördert werden, die aus den Fachprogrammen - sei es wegen der Art der Projekte oder wegen Mittelmangels - nicht unterstützt werden könnten. Wirtschaftsnahe Infrastruktur wird auch im Rahmen der GRW gefördert. Ein Zielkonflikt zur GRW stellt sich jedoch nicht, da sich das Regionalprogramm an die Förderkonditionen der GRW anlehnt. Vielmehr ist in dieser Hinsicht für den Projektträger unter der Restriktion der Mittelverfügbarkeit gegenwärtig eine Entscheidungssituation zwischen beiden Programmen gegeben, soweit die regionalen Fördergebietskulissen übereinstimmen. Dies gilt umso mehr nach der Reform der GRW mit dem 25. Rahmenplan, wo die Beschränkung der Förderfähigkeit von Gewerbegebieten auf deren Belegung mit förderfähigem Gewerbe gelockert wurde, und so der Hauptunterschied zwischen Regionalprogramm und GRW hinsichtlich Anforderungen für Gewerbegebietserschließungen wegfällt.

---

[6] Vgl. Bach et al. (1994) und die dort zitierte Literatur.

[7] Vgl. BfLR (1993), Klemmer (1995).

Die Förderung des EFRE im Rahmen des Regionalförderprogramms muß sich nicht nur in die regionale Strukturpolitik einordnen, sondern auch in fachpolitische Konzeptionen, so z.B. im Fremdenverkehr und in der Hafenentwicklung.

Das Angebot an infrastrukturellen Voraussetzungen (Kultureinrichtungen, Rad- und Wanderwege etc.) für den Fremdenverkehr bestimmt den Wohn- und Freizeitwert sowie nicht zuletzt das Image der Region mit, und beeinflußt die Bereitschaft der Menschen, sich hier anzusiedeln, eine Arbeit aufzunehmen oder zu investieren. Ein Unternehmensbefragung des DIW[8] zur Bedeutung einzelner Standortfaktoren ergab, daß 34 vH der Unternehmen das Angebot an qualifizierten Arbeitskräften als sehr wichtig ansehen. Solche Arbeitskräfte ziehen kulturell interessante und ökologisch intakte Regionen als Arbeits- und Wohnort vor. Aber auch das Image einer Region wird von 16 vH der befragten Unternehmen als wichtiger Standortfaktor eingeschätzt.[9] Der Imageeffekt einer Investition im Fremdenverkehrsbereich ist jedoch nur langfristig feststellbar und wird auch von vielen anderen Faktoren des Umfeldes beeinflußt.

Für den Fremdenverkehr als Mittel zur wirtschaftlichen Entwicklung der strukturschwachen Regionen in Schleswig-Holstein besitzt das Land mit einer hohen Umweltqualität gute Voraussetzungen für naturnahe und landschaftsbezogene Erholungsformen.[10] Es ist jedoch nicht zu verkennen, daß der Wettbewerb unter den auf überregionalen Tourismus ausgerichteten Zielregionen härter wird. Die touristische Nutzung der Potentiale Schleswig-Holsteins kann aber durch die Verbesserung des Preis-Leistungs-Verhältnisses und den Abbau struktureller Defizite in der fremdenverkehrsrelevanten Infrastruktur[11] (z.B. durch bessere Angebote für schlechtes Wetter) erhöht werden. Dies erfordert Investitionen. Schleswig-Holstein setzt dabei, wie andere Bundesländer auch, auf eine Strategie des „sanften Tourismus"[12], dem auch die im Regionalprogramm geförderten Vorhaben Rechnung tragen müssen.

---

8 Brenke (1996).

9 Ebenda.

10 Vgl. Fortschreibung der Tourismuskonzeption für Schleswig-Holstein (1995), S. 20 f.

11 Zu den Schwächen des Fremdenverkehrsstandortes Schleswig-Holstein: ebenda; S. 22.

12 Vgl. Fortschreibung der Tourismuskonzeption für Schleswig-Holstein (1995), S. 24 ff.

Die geförderten Projekte entsprechen auch der Hafenentwicklungskonzeption des Landes, die für die Häfen mit primär regionaler Versorgungsfunktion, zu denen die geförderten Häfen zählen, keine Ausbaumaßnahmen, sondern Maßnahmen zur Bestandserhaltung und Bedarfsanpassung zum Erhalt der regional bedeutsamen Hafenfunktionen vorsieht. Angesichts der stagnierenden oder rückläufigen Umschlagsentwicklung ist hier aus Sicht der Landesregierung keine Erweiterung der Hafenkapazitäten erforderlich[13]. Dabei finden sich alle bisher im Untersuchungszeitraum geförderten Häfen mit ihren Maßnahmen in der Hafenentwicklungskonzeption wieder[14.] Auch die Tourismuskonzeption des Landes nennt eine qualitative Verbesserung der Fährverbindungen zu den Inseln bei grundsätzlichem Verzicht auf einen weiteren Kapazitätsausbau[15].

Die konzeptionelle Strategiefähigkeit der Fördertatbestände des Regionalprogramms ist grundsätzlich gegeben. Die Projekte ordnen sich auch gut in übergeordnete fachliche Konzeptionen des Landes ein. Die Vielfalt der möglichen Projekte ermöglicht es, daß die Projekte nach den Präferenzen und der Engpaßsituation der Förderregionen ausgewählt werden können. Aufgrund der Zielstellung und den Vorgaben zur Programmsteuerung kommt bei der Bewertung der Projekte den "Beschäftigungs- und Qualifizierungswirkungen" und der "regionalen Bedeutung" die zentrale Rolle zu.

4.3 Vollzugskontrolle

Bei der Vollzugskontrolle geht es um die Überprüfung des Durchführungsstandes des Programms. Im Mittelpunkt steht hier der Mittelfluß und die Aufteilung der Mittel auf die unterschiedlichen Förderschwerpunkte und Projekttypen. Sie ist Voraussetzung für die folgende Wirkungsanalyse. Die Vollzugskontrolle hat die Funktion, die ordnungsgemäße Durchführung und Steuerung der Fördermaßnahmen zu erleichtern. Sie ist Voraussetzung dafür, daß das Regionalprogramm vollständig bewilligungs- und zahlungsmäßig abgeschlossen werden kann.

---

[13] Vgl. Hafenentwicklungskonzeption für Schleswig-Holstein (1994), S. 30.

[14] Ebenda, S. 30 - 32.

[15] Vgl. Fortschreibung der Tourismuskonzeption für Schleswig-Holstein vom 12.12.1995, S. 73.

Insgesamt standen aus dem EFRE einschließlich technischer Hilfe im Untersuchungszeitraum 15,624 Mill. ECU (29,7 Mill. DM) zur Verfügung. Von den EFRE-Mitteln wurden per 31. Dezember 1996 19,17 Mill. ECU (36,42 Mill. DM) bewilligt und 8,9 Mill. ECU (16,93 Mill. DM) ausgezahlt. Es ist somit eine "Überbewilligung" (um rund 22 vH) im Vorgriff auf die folgenden Jahre festzustellen. Die zur Verfügung stehenden Mittel wurden zu 47 vH ausgezahlt (vgl. Tab. 4.3.1). Insgesamt wurden 26 Infrastrukturvorhaben und 5 Projekte der technischen Hilfe gefördert. Es wurde ein Gesamtinvestitionsvolumen von 115,67 Mill. DM durch den Regionalfonds unterstützt, also deutlich mehr, als im Finanzierungsplan des operationellen Programms angegeben wurde (75 Mill. DM), auch verhältnismäßig, wenn man die über den ursprünglichen Bewilligungsrahmen hinaus bewilligten zusätzlichen EFRE-Mittel berücksichtigt (vgl. Tab. 4.3.2).

Tab. 4.3.1: **Auszahlungsstand des Unterprogramms II per 31.12.1996**

	Bewilligte EFRE-Mittel (Mill. ECU)	Ausgezahlte EFRE-Mittel (Mill. ECU)	Auszahlungsstand in vH
Gewerbegebiete u. -zentren	3,180	2,450	77
Tourismus	2,487	1,873	73
Häfen	2,453	1,668	68
Ausbildungseinrichtungen	1,938	1,792	92
Sonstige Projekte	9,039	1,074	12
Technische Hilfe	0,071	0,055	77
Unterprogramm II insgesamt	**19,169**	**8,912**	**47**

1 ECU = 1,90 DM

Quelle: Angaben des Ministeriums für Wirtschaft, Technologie und Verkehr Schleswig-Holstein; Berechnungen des DIW.

Das operationelle Programm unterscheidet neben der technischen Hilfe innerhalb der wirtschaftsnahen Infrastruktur fünf verschiedene Fördertatbestände:

– Erschließung von Industrie- bzw. Gewerbegebieten

Tab. 4.3.2: **EFRE-geförderte Projekte im Regionalprogramm nach Projektarten 1994 -1996**

	Regional-programm (DM)	vH	darunter: EFRE-Mittel (DM)	vH	Eigenmittel (DM)	Investitionen (DM)	vH
Gewerbegebiete und -zentren	8.489.100	14,27	6.042.280	16,65	6.616.600	15.105.700	13,19
Aus- und Weiterbildung	6.907.500	11,61	3.684.000	10,15	2.357.476	9.264.976	8,09
Tourismus	6.221.150	10,46	4.725.860	13,02	5.310.962	11.814.650	10,32
Häfen	7.572.500	12,73	4.660.000	12,84	3.822.500	11.650.000	10,17
Sonstige Projekte	30.293.230	50,93	17.175.425	47,33	25.693.130	66.675.560	58,23
Insgesamt	**59.483.480**	100,00	**36.287.565**	100,00	**43.800.668**	**114.510.886**	100,00
zuzüglich technische Hilfe	857.440	-----	134.260	-----	0	1.162.050	-----
Insgesamt 1994 -1996	**60.340.920**	-----	**36.421.825**	-----	**43.800.668**	**115.672.936**	-----

Quellen: Ministerium für Wirtschaft, Technologie und Verkehr des Landes Schleswig-Holstein; Berechnungen des DIW.

Tab. 4.3.3: **Zielerreichung innerhalb des Unterprogramms II**

Maßnahmen	geplante öffentliche Mittel lt. EPPD (Gesamtkosten) 1994 - 1999		davon: geplante EFRE-Mittel (40 vH) 1994 - 1999		Tatsächliche Gesamtkosten[1)] 1994 - 1996		davon: bewilligte EFRE-Mittel 1994 - 1996		Abweichungsanalyse		
									Bewilligungen in vH der geplanten Mittel[2)]		Bewilligung im Zielbereich (+)
	Mill. ECU	vH	Mill. ECU	vH	Mill. ECU	vH	Mill. ECU	vH	Gesamt-kosten	EFRE	überschritten (++) unterschritten (–)
Gewerbegebiete und -zentren	17	20	6,8	20	7,950	13,2	3,180	16,6	47	47	+
Tourismus	17	20	6,8	20	6,219	10,3	2,487	12,9	30	30	– –
Häfen	17	20	6,8	20	6,132	10,2	2,453	12,8	36	36	– –
Ausbildungsinfrastruktur	9	10	3,6	10	4,877	8,1	1,938	10,1	54	53	+
Sonstige Projekte	26	30	10,4	30	35,092	58,2	9,039	47,2	134	86	++
Unterprogramm II insgesamt	**85,548**	**100**	**34,219**	**100**	**60,270**	**100**	**19,097**	**100**	**70**	**56**	+
zuzügl. technische Hilfe	0,390	–	0,156	–	0,611	–	0,071	–	156	45	–

1 ECU = 1,90 DM.

1) Gesamtkosten einschließlich öffentlicher Mittel aus anderen Programmen und Eigenmitteln des Trägers. Entspricht Gesamtinvestitionsvolumen.- 2) Zum 31.12.1996 müßten bei einer gleichmäßigen Bewilligung 50 vH der geplanten Kosten/Mittel erreicht werden.

Quellen: Angaben des Ministeriums für Wirtschaft, Technologie und Verkehr Schleswig-Holstein; EPPD Ziel 5b Schleswig-Holstein 1994 - 1996; Berechnungen des DIW.

- Errichtung von Gewerbe- bzw. Technologiezentren[16]
- Ausbau von fremdenverkehrlichen Basiseinrichtungen
- Ausbau von Hafeneinrichtungen
- Ausbau von Ausbildungseinrichtungen

Als sonstige Projekte können daneben auch andere Infrastrukturvorhaben zur Verbesserung der Standortvoraussetzungen in folgenden Bereichen gefördert werden:

- Errichtung von Forschungs- und Technologieeinrichtungen
- Ausbau regionaler Technologietransfereinrichtungen
- Ausbau von Energieanlagen
- Schaffung von Umweltschutzeinrichtungen
- Ausbau fremdenverkehrlicher Kulturangebote

Diese Projekte können jedoch nur gefördert werden, soweit diese in gleichem Maße Beiträge zur Schaffung oder Erhaltung von Arbeitsplätzen leisten. Besondere Bedeutung haben auch bei der EFRE-Förderung die regionalen Leitprojekte nach der Definition des Regionalprogramms. Es handelt sich um Projekte, die möglichst viele innovative integrative Ansätze aus mehreren der Bereiche Technologietransfer, Forschung und Qualifizierung, Marketing, Information, Kommunikation und Verbesserung der Umweltqualität beinhalten[17].

Beim Programm des EFRE sind unterhalb der Unterprogrammebene Zielkorridore für die Bewilligung der einzelnen Projekttypen vorgegeben (vgl. Tab. 4.3.3 und Übersicht 4.3.1). Diese bilden hier neben dem Bewilligungs- und Auszahlungsstand des Unterprogramms den Bewertungsmaßstab. Allerdings ist die Zuordnung der einzelnen Projekte nicht immer eindeutig möglich, z.B. im Bereich der sonstigen Projekte. Dies beeinflußt in entscheidendem Maße die Aussagen zur Zielerreichung innerhalb der Vollzugskontrolle. Eine alternative Ein-

---

[16] Die Gewerbe- und Technologiezentren wurden mit den Gewerbegebietserschließungen in einem Zielkorridor zusammengefaßt (vgl. Jahresbericht des EFRE 1996 und EPPD, S. 205).

[17] Operationelles Programm für das 5b-Gebiet in Schleswig-Holstein, S. 209.

Tab. 4.3.4: **Zielerreichung innerhalb des Unterprogramms II bei alternativer[1] Eingruppierung der Projekte**

Maßnahmen	geplante öffentliche Mittel lt. EPPD (Gesamtkosten) 1994 - 1999		davon: geplante EFRE-Mittel (40 vH) 1994 - 1999		Tatsächliche Gesamtkosten[2] 1994 - 1996		davon: bewilligte EFRE-Mittel 1994 - 1996		Abweichungsanalyse		
									Bewilligungen in vH der geplanten Mittel[3]		Ziel überschritten (+) bzw. unterschritten (–) (EFRE)
	Mill. ECU	vH	Mill. ECU	vH	Mill. ECU	vH	Mill. ECU	vH	Gesamt-kosten	EFRE	
Gewerbegebiete und -zentren	17	20	6,8	20	35,482	58,9	9,186	48,1	206	133	++
Tourismus	17	20	6,8	20	6,219	10,3	2,487	13,0	30	30	– –
Häfen	17	20	6,8	20	6,132	16,3	2,433	12,8	36	36	0
Ausbildungsinfrastruktur	9	10	3,6	10	4,877	8,1	1,938	10,1	54	53	+
Sonstige Projekte	26	30	10,4	30	8,551	14,2	3,420	17,9	32	32	– –
Unterprogramm II insgesamt	**85,548**	**100**	**34,219**	**100**	**60,270**	**100**	**19,097**	**100**	**70**	**56**	+
zuzügl. technische Hilfe	0,390	–	0,156	–	0,611	–	0,071	–	156	45	–

1 ECU = 1,90 DM.

1) Kläranlagen wurden hier den Gewerbegebietserschließungen und nicht den sonstigen Projekten (vgl. Tab. 4.3.3) zugeordnet.- 2) Gesamtkosten einschließlich öffentlicher Mittel aus anderen Programmen und Eigenmitteln des Trägers. Entspricht Gesamtinvestitionsvolumen.- 3) Zum 31.12.1996 müßten bei einer gleichmäßigen Bewilligung 50 vH der geplanten Kosten/Mittel erreicht werden.

Quellen: Angaben des Ministeriums für Wirtschaft, Technologie und Verkehr Schleswig-Holstein; EPPD Ziel 5b Schleswig-Holstein 1994 - 1996; Berechnungen des DIW.

gruppierung der Projekte zeigt Tab. 4.3.4. Auf dieses Problem wird an entsprechender Stelle tiefer eingegangen (vgl. Kap. 4.3.8).

4.3.1 Erschließung von Industrie- und Gewerbegebieten/Technologie- und Gewerbezentren

Im untersuchten Zeitraum wurden 14 Erschließungsmaßnahmen von Gewerbegebieten bewilligt. Insgesamt wurden 55 ha Gewerbeflächen mit Hilfe des EFRE erschlossen. Davon wurden bis Ende 1996 rund 40 ha realisiert. Die erschlossenen Flächen sind damit insgesamt mehr als doppelt so groß, als im Programmplanungsdokument vorgesehen. Die einzelnen Flächen sind jedoch mit einer Größe von durchschnittlich 4 ha kleiner als vorgesehen. Das im EPPD genannte potentielle Projekt eines Technologie- bzw. Gewerbeparks mit 1100 m^2 Nutzfläche konnte bisher nicht realisiert werden.

Für diesen Bereich der wirtschaftsnahen Infrastruktur wurden im Untersuchungszeitraum rund 6 Mill. DM aus dem Regionalfonds aufgewendet und zu 77 vH auch bereits ausgezahlt. Damit entfiel fast 17 vH der EFRE-Mittel auf diesen Projekttyp. Insgesamt konzentrieren sich mit 15,1 Mill. DM in diesem Bereich rund 16 vH aller Investitionen, die durch den EFRE im Rahmen des Regionalprogramms gefördert wurden. Laut operationellem Programm sollte diesen Projekten mit 20 vH des Investitionsvolumens strukturell etwa dieses Gewicht zukommen.

4.3.2 Ausbau von touristischen Basisinfrastrukturen

Im Fremdenverkehrsbereich wurden seit 1994 drei Projekte gefördert. Darunter sind zwei Projekte zum Aus- und Umbau von Jugendherbergen und der Aufbau einer neuen Schlickaufbereitungsanlage in St. Peter Ording. Damit entspricht die bisherige Struktur der bewilligten Projekte überhaupt nicht den im EPPD genannten Vorhabentypen (4 Schwimmbäder, 2 Kurmittelhäuser, 1 Strandbrükke, 4 Zimmervermittlungen).

Übersicht 4.3.1: **Vorgaben des EPPD und Stand 1996**

Vorgaben des EPPD 1994 - 1996	Davon bis 1996 erreicht
Leitprojekte	
Keine Vorgabe	1 technologieorientiertes Gründerzentrum mit 2 500 m² Nutzfläche, Potential für 30 Unternehmen mit 70 Arbeitsplätzen
Erschließung von Industrie- und Gewerbegebieten	
5 Gewerbegebietserschließungen mit durchschnittlich 3 Mill. ECU Gesamtkosten und 5 ha Fläche 1 Technologie- und Gewerbepark mit 1 100 m² Nutzfläche und 2 Mill. ECU Gesamtkosten	14 Gewerbegebietserschließungen mit durchschnittlich 8,84 Mill. ECU Gesamtkosten und 4 ha Fläche
Touristische Basisinfrastruktur	
4 Modernisierungen kommunaler Schwimmbäder mit durchschnittlich 500 m² Wasserfläche 2 Modernisierungen kommunaler Kurmittelhäuser mit 1 000 m² Nutzfläche Neuerrichtung einer Strandbrücke mit 1 500 m Länge 4 kommunale EDV-Zimmervermittlungen mit je 100 angeschlossenen Betrieben	2 Modernisierungen von Jugendherbergen 1 Schlickaufbereitungsanlage
Hafeneinrichtungen	
5 Anpassungsmaßnahmen mit durchschnittlich 3 Mill. ECU Gesamtkosten 1 Anpassungsmaßnahme mit durchschnittlich 2 Mill. ECU Gesamtkosten Sicherstellung des 1993 erreichten Aufkommens von 6 000 Schiffsabfertigungen je Hafen	1 Anpassungsmaßnahme über 3 Mill. ECU Gesamtkosten 1 Anpassungsmaßnahme über 2 Mill. ECU Gesamtkosten Sicherstellung des 1993 erreichten Aufkommens von Schiffsabfertigungen entsprechend der Kapazität der Häfen
Ausbildungseinrichtungen	
5 Vorhaben mit durchschnittlich 1,8 Mill. ECU Gesamtkosten und je 120 Werkstatt- bzw. Unterrichtsplätzen	2 Vorhaben mit jeweils rund 2 Mill. ECU Gesamtkosten und insgesamt 555 Ausbildungsplätzen
Sonstige Projekte	
1 - 3 Forschungs- und Technologieeinrichtungen	Technologieorientiertes Gründerzentrum (s. Leitprojekt)
1 - 3 regionale Technologietransfereinrichtungen	
1 - 3 Energieanlagen	
1 - 3 Umweltschutzeinrichtungen	2 Kläranlagenerweiterungen für gewerbliche Zwecke
1 - 3 fremdenverkehrsrelevante Kulturangebote	1 Zentrum für Wattenmeermonitoring
	1 Messehalle

Quellen: EPPD Ziel 5b Schleswig-Holstein 1994 - 1999, Unterprogramm II; Angaben des Ministeriums für Wirtschaft, Technologie und Verkehr Schleswig-Holstein.

Für die Fremdenverkehrsprojekte wurden in den Jahren 1994 und 1995 aus dem EFRE 4,725 Mill. DM bewilligt. Das sind rund 13 vH der insgesamt bewilligten Mittel. Die Mittel wurden zu 73 vH bereits ausgezahlt. Damit liegt die Bewilligung deutlich unter der im operationellen Programm vorgesehenen Höhe von 20 vH der Gesamtbewilligung bzw. der Gesamtkosten, d.h. einen gleichmäßigen Verlauf der Bewilligung vorausgesetzt, sollten laut operationellem Programm bis Ende 1996 rund 17 Mill. DM Investitionen mit 6 Mill. DM aus dem EFRE unterstützt worden sein.

Das Gesamtinvestitionsvolumen betrug 11,8 Mill. DM. Im Jahre 1996 gab es keine Bewilligungen in diesem Bereich. Obwohl mit 2 Projekten die Mehrzahl der Vorhaben auf die Westküste entfiel, war das Zuschußvolumen aus dem Regionalprogramm und das Investitionsvolumen in der Region Schleswig-Flensburg nahezu gleich hoch. Damit wird mehr als die Hälfte des EFRE-Zuschusses in der Region Schleswig-Flensburg im Fremdenverkehrsbereich in einer der Ausbaumaßnahmen in den Jugendherbergen (Borgwedel) verwendet.

4.3.3 Ausbau von Hafeneinrichtungen

Mittel aus dem Europäischen Regionalfonds wurden für Modernisierungs- und Rekonstruktionsarbeiten in zwei Häfen eingesetzt. Beide Projekte befinden sich an der Westküste. Insgesamt wurden für diesen Bereich 4,6 Mill. DM aus dem Europäischen Regionalfonds bewilligt und zu 68 vH ausgezahlt. Die Hafenprojekte haben gemeinsam mit den Fremdenverkehrsprojekten nach den sonstigen Projekten und den Gewerbegebietserschließungen mit rund 13 vH den drittgrößten Anteil an den Bewilligungen. Der Anteil der Hafenprojekte liegt damit unter den Vorgaben im operationellen Programm (20 vH). Dabei ist ein Projekt etwas größer als ursprünglich (6 Mill. DM) geplant, das andere ist jedoch deutlich kleiner aber immer noch größer als die Angabe im operationellen Programm.

Das Investitionsvolumen beträgt insgesamt rund 11,6 Mill. DM und liegt damit im Rahmen der Vorgabe von 17 Mill. DM des operationellen Programms. Das größte Projekt ist dabei der Fährhafen Wyk auf Föhr mit einem Gesamtinvestitionsvolumen von 9,1 Mill. DM über drei Bauabschnitte. Dies erklärt auch, daß die Hafenprojekte hinsichtlich ihres Zuschuß- und Investitionsvolumens mit fast einem Drittel den größten Anteil an allen Vorhaben der Westküste ausmachen.

4.3.4 Ausbau von Ausbildungseinrichtungen

Im Rahmen des Regionalprogramms wurden mit Unterstützung des EFRE zwei Projekte, die die Ausbildungsbedingungen durch Modernisierung oder den Neubau von Ausbildungseinrichtungen verbessern sollten, gefördert. Die Projekte wurden im Jahre 1994 bewilligt. Aus dem EFRE wurden dafür insgesamt 3,68 Mill. DM eingesetzt. Das sind rund 10 vH der insgesamt bewilligten Mittel. Die Träger haben bereits über 90 vH der bewilligten Mittel erhalten. Das Investitionsvolumen erreichte 9,26 Mill. DM. Damit entspricht das Investitionsvolumen den Planungen des operationellen Programms, wonach in 5 Projekten im Gesamtzeitraum bis 1999 rund 18 Mill. DM Investitionen in diesem Bereich (entspricht 10 vH des Gesamtvolumens des EFRE-Unterprogramms) gefördert werden sollten.

Im Jahre 1994 hatten die Bewilligungen und Investitionen in diesem Bereich im Rahmen des Regionalprogramms strukturell ein recht hohes Gewicht: Mehr als ein Drittel der bewilligten Mittel in diesem Jahr ging in diesen Bereich. Am Investitionsvolumen gemessen, machen die Aus- und Weiterbildungsprojekte vor den Leitprojekten mit rund 8 vH der Gesamtinvestitionen auch über den betrachteten Zeitraum 1994 bis 1996 den zweitkleinsten Posten aus.

4.3.5 Sonstige Projekte

In diese Gruppe werden viele verschiedene Projekte eingeordnet, bei denen die Zuordnung zu anderen Gruppen nicht möglich oder nicht eindeutig ist. Das Zentrum für Wattenmeermonitoring in Tönning ist einerseits Forschungseinrichtung, aber auch ein touristisches Ziel und dient durch seine Tätigkeit der Öffentlichkeitsarbeit zum Thema Umweltschutz im Wattenmeer. Für dieses Projekt werden 4,66 Mill. DM aus dem Regionalprogramm aufgewendet. Die Mittel sind fast ausschließlich (3,9 Mill. DM) aus dem Europäischen Regionalfonds. Sie konnten jedoch noch nicht ausgezahlt werden. Das Investitionsvolumen beträgt hier rund 10 Mill. DM.

Als technologieorientiertes Gründerzentrum ist das Centrum für Angewandte Technologien (CAT) in Meldorf den „sonstigen Projekten“ des Unterprogramms zuzuordnen. Gleichzeitig ist es als regionales Leitprojekt anzusehen. Das Vorhaben wurde im Jahre 1995 bewilligt. Dafür werden insgesamt 5,37 Mill. DM aus dem Regionalprogramm, einschließlich 2,53 Mill. DM aus dem EFRE verwendet. Die Mittel wurden zu 35 vH auch bereits ausgezahlt. Das Investitionsvolumen beträgt 6,32 Mill. DM. Damit werden rund 6,6 vH der EFRE-Mittel für regionale Leitprojekte verwendet.

Dieser Gruppe sonstiger Projekte werden auch der Um- und Aufbau der Messehalle in Husum und zwei Kläranlagen zur Erschließung von Gewerbeflächen zugeordnet. Die beiden letztgenannten könnten jedoch auch der Gruppe der Gewerbegebietserschließungen zugesprochen werden. Betrachtet man jedoch den Umweltschutzaspekt einer solchen Investition in der Zielvorstellung als dominant, dann wäre eine Einordnung in die Gruppe der sonstigen Projekte gerechtfertigt. Diese Entscheidung beeinflußt die Bewertung der Zielerreichung[18] wesentlich, da diese Projekte besonders kapital- und förderintensiv sind.

Insgesamt wurden somit für Projekte in der Gruppe der sonstigen Projekte 17,2 Mill. DM aus dem EFRE für ein Gesamtinvestitionsvolumen in Höhe von 66,7 Mill. DM aufgewendet. Damit wird der vorgesehene Zielkorridor (30 vH der Gesamtinvestitionen bzw. Bewilligungen) überschritten.

4.3.6 Technische Hilfe

Zur Initiierung und Vorauswahl der Vorhaben sowie zur Unterstützung und Beratung der Regionen für den Qualitätswettbewerb wurden Mitarbeiter in den Geschäftsstellen des Regionalprogramms (insgesamt eine Stelle) eingestellt. 40 vH der Personalkosten wurden aus der technischen Hilfe des EFRE kofinanziert. Dafür wurden EFRE-Mittel in Höhe von 92,4 Tsd. DM verwendet. Außerdem wurde aus der technischen Hilfe die vorliegende Zwischenbewertung des EFRE-Einsatzes und die Evaluierung des Regionalprogramms finanziert. Laut EPPD waren für die technische Hilfe im betrachteten Zeitraum insgesamt 133 Tsd. DM vorgesehen. Sie wurden für die Personalkostenzuschüsse und Gutachten vollständig verplant und zu 77 vH auch schon ausgezahlt.

4.3.7 Verfahren des Qualitätswettbewerbs

Schleswig-Holstein hat mit dem Regionalprogramm, in das die EFRE-Mittel des 5b-Programms eingehen, neue Wege in der Regionalpolitik in Deutschland

---

[18] Vgl. Kapitel 3.8. Hier wurde dem Vorschlag der Landesregierung zur Zuordnung der Kläranlagen in die Gruppe der sonstigen Projekte gefolgt.

eingeschlagen. Der für das Regionalprogramm Schleswig-Holstein typische Qualitätswettbewerb regionaler Projekte kennt sowohl auf nationaler als auch auf internationaler Ebene kaum Vorläufer. Insbesondere die verstärkte Einbindung der regionalen Ebene - und innerhalb der Region die breite Mitwirkung der Wirtschafts- und Sozialpartner - in die Entscheidungsabläufe regionalpolitischer Programme ist ein vergleichsweise neuer Politikansatz auf dieser Ebene. Die Schlüsselgröße für den regionalpolitischen Erfolg ist die „richtige" Projektauswahl. Der ex-ante Evaluierung von Projekten kommt daher ein hoher Stellenwert zu. Die verschiedenen Akteure sollen dabei ihre unterschiedlichen Sichtweisen und Beurteilungskriterien in den Wettbewerb einbringen. An dem Auswahlverfahren sind regionale Beiräte und Geschäftsstellen, Fachressorts in den einzelnen Ministerien, ein Koordinierungsreferat im Wirtschaftsministerium und eine Interministerielle Arbeitsgruppe (IMAG) beteiligt.

Mit der Forderung, in den jeweiligen Programmregionen *regionale Beiräte* einzurichten, hat das Land in den Programmregionen, die aus mehr als einem Kreis bestehen, neue Strukturen befördert. Die Regionen haben für strukturpolitische Diskussionen mit den regionalen Beiräten, zusammengesetzt aus Vertretern der kommunalen Gebietskörperschaften und der Wirtschaft (Kammern, Gewerkschaften u.a.), ein häufiger tagendes und nach einer Weile auch eingespieltes Gremium zur Verfügung. Sowohl im Hinblick auf die Formulierung und Abstimmung der regionalen Entwicklungskonzepte in Zukunft als auch hinsichtlich der regionalen Prioritätensetzung der Förderanträge im Regionalprogramm kommt den Beiräten eine zentrale Rolle zu.

Die Regionalen Beiräte haben lt. Förderrichtlinie des Regionalprogramms u.a. die Aufgabe, „Projektanträge der jeweiligen Region zu begutachten und aus regionaler Sicht Förderprioritäten entsprechend der Zielsetzung des Regionalprogramms festzulegen"[19]. Die Beschlüsse der Beiräte haben empfehlenden Charakter. Die regionalen Prioritätenlisten kommen aufgrund regionaler Kenntnis der Problemlagen, Bedarfe und der Projektträger sowie auf der Basis von regionalen Zielvorstellungen zustande. Die zugrunde gelegten Kriterien sind bisher wenig transparent, da auch die regionalen Zielvorstellungen nur implizit vorhanden sind.

---

[19] Förderrichtlinie (1995), Ziffer 2.1.

Die *regionalen Geschäftsstellen* bereiten die Entstehung der regionalen Prioritätenlisten vor. Einerseits läuft über sie die Beratung und Information von Projektträgern. Andererseits gibt es inzwischen regional etwas unterschiedlich ausgeprägte Herangehensweisen zur direkten Akquisition von neuen Projekten. Einige potentielle Projektträger (überwiegend Kommunen) werden von den Mitarbeitern schriftlich oder mündlich über das Regionalprogramm informiert und zur Einreichung von Projekten aufgefordert. Noch vor Befassung des Regionalen Beirats mit den einzelnen Projekten wird von den Geschäftsstellen i.d.R. mit dem Koordinierungsreferat und den Fachressorts in den Ministerien abgeklärt, ob das jeweilige Projekt grundsätzlich förderfähig wäre. Zur Vorbereitung der IMAG-Sitzungen füllen die Mitarbeiter der Geschäftsstellen (seit Ende 1995) einen vorgegebenen Fragebogen gemeinsam mit dem Projektträger aus, der neben den fachlichen Stellungnahmen der Landesministerien eine Entscheidungsgrundlage für die IMAG-Mitglieder bilden soll.

Das *Koordinierungsreferat* im Wirtschaftsministerium fordert die lt. Geschäftsverteilungsplan für das Projekt zuständigen Fachressorts zur Stellungnahme auf. Die fachbezogenen Einschätzungen beruhen in erster Linie auf der Basis der Antragsunterlagen des Projektträgers in Abhängigkeit vom Projekttyp. Außer dem Weg über das Koordinierungsreferat bestehen im Vorfeld häufig direkte Kontakte zum Projektträger, der sich durch die Fachressorts informieren und beraten läßt.

Für die Bewertung der Projekte werden je nach Projekttyp unterschiedliche inhaltlich-fachliche Kriterien angelegt. Allerdings ergeben sich fachübergreifend Gemeinsamkeiten. Grundsätzlich werden die Projekte danach beurteilt, inwieweit sie sich in übergeordnete fachbezogene Zielvorstellungen bzw. Konzeptionen (z.B. Hafenentwicklungskonzept, Fremdenverkehrskonzeption) des Landes einfügen. Einen gleichen Stellenwert hat die Frage, wie die Projekte sich in das regionale Umfeld (Lage, Größe, etc.) einfügen oder ob konkurrierende Nutzungsansprüche/-vorhaben dem Projekt entgegenstehen. Bei ausgewählten Förderprojekttypen (Gewerbegebiete, Fremdenverkehrsinfrastruktur) werden bei der fachlichen Stellungnahme das Kosten-Nutzen-Verhältnis des Einzelprojektes und die möglichen Folgewirkungen von Investitionen in die Betrachtung einbezogen, wobei auf Erfahrungswerte zurückgegriffen wird.

Abb. 4.3.2: **Antrags- und Bewilligungsverfahren im Regionalprogramm**

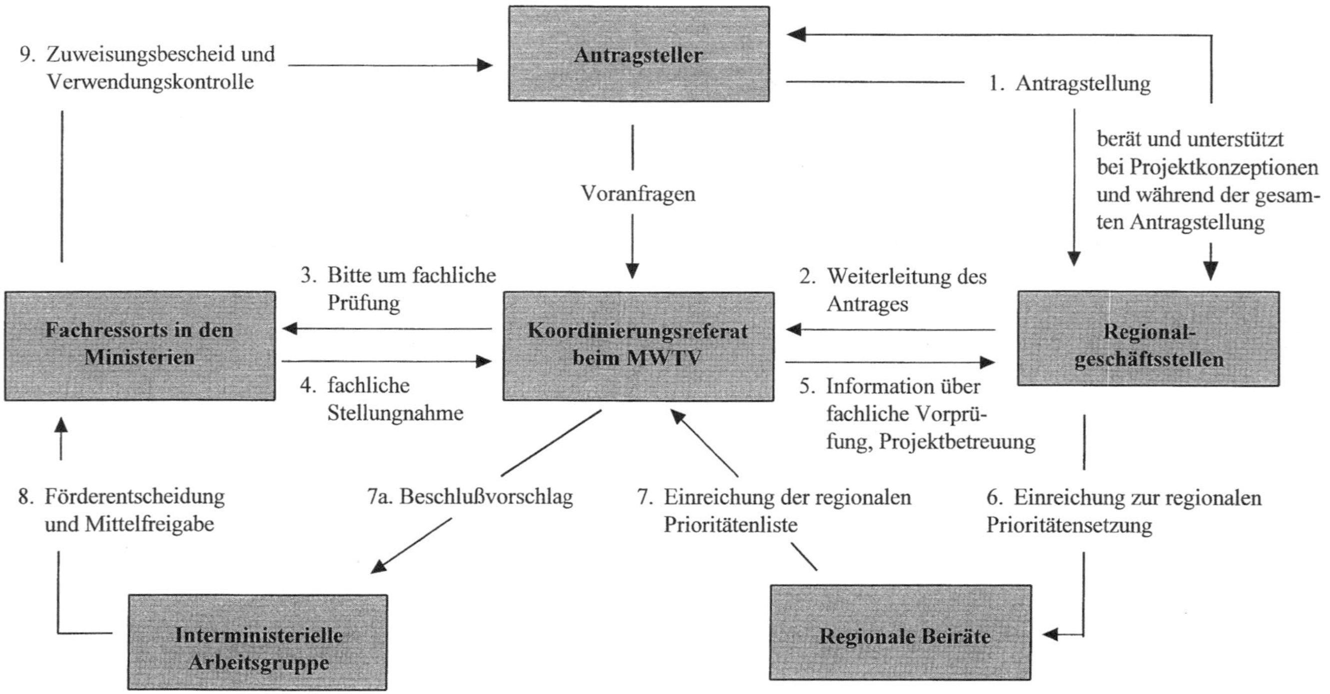

Abb. 4.3.3: **Zeitliches Verfahren im Regionalprogramm**

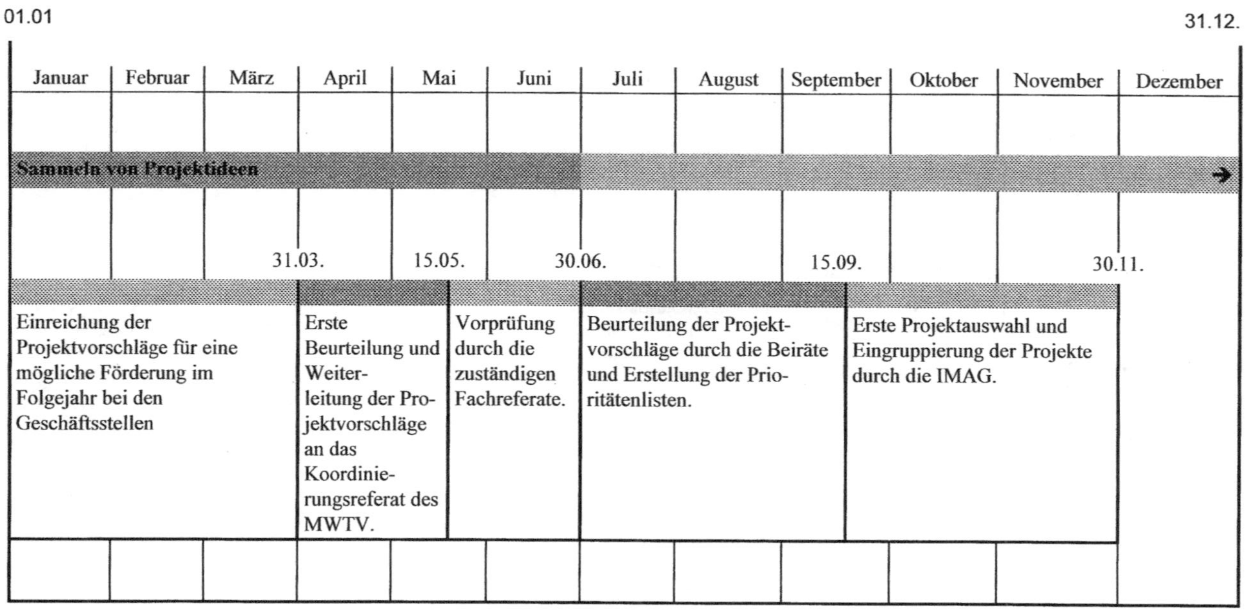

Neben diesen Regelverfahren können neue Erkenntnisse über vorliegende Projektvorschläge, im Einzelfall auch neue Projektvorschläge, für die Beiräte bzw. die IMAG zum Anlaß genommen werden, die regionalen Prioritätenlisten bzw. die Auswahllisten zu ergänzen und zu modifizieren.

Quelle: Ministerium für Wirtschaft, Technologie und Verkehr des Landes Schleswig-Holstein.

Tab. 4.3.5: **Akteure im Qualitätswettbewerb im Regionalprogramm**

Akteure	Geschäftsstellen der Regionalen Beiräte	Regionale Beiräte	Fachressorts in den Landesministerien	Koordininierungs-referat	IMAG-Mitglieder
Aufgaben	- Vorbereitung der Projektauswahl - Beratung der Träger - Finden von Projektideen und -trägern - Vorabklärung der grundsätzlichen Förderfähigkeit einzelner Projekte - Vorschlag einer Prioritätenliste	Regionale Prioritätenliste der Projekte	Stellungnahme zu einzelnen Projekten	Beschlußvorschlag für IMAG-Sitzung	- Entscheidung über Förderwürdigkeit - Eingruppierung der Projekte - Freigabe zur Bewilligung
Entscheidungsgrundlagen	- Regionale Kenntnis - Regionale Leitbilder und Zielvorstellungen	- Regionale Kenntnis - Regionale Leitbilder und Zielvorstellungen	- Übergeordnete fachliche Zielvorstellungen/Konzepte (z.B. Tourismuskonzeption, Hafenentwicklungskonzept) - Paßfähigkeit in das regionale Umfeld (Lage, Größe) - Konkurrierende Nutzungsansprüche/-vorhaben - Kosten-Nutzen-Verhältnis - Inhaltlich-fachliche Kriterien je nach Projekttyp - Folgewirkungen von Investitionen	- Stellungnahmen der Fachressorts - Regionale Prioritätenlisten - Präsentationen von "kritischen" Projekten	- Beschlußvorschläge des Koordinierungsreferates - Stellungnahmen der Fachressorts - Meinungsbildung im eigenen Haus - Allgemeine Sinnhaftigkeit des Projektes - Präsentationen von "kritischen" Projekten

Das Koordinierungsreferat führt die Stellungnahmen der Fachressorts und der Regionen zu einem Beschlußvorschlag für die IMAG zusammen. Bei „kritischen“ Projekten wird versucht, zusätzliche Informationen in das Verfahren einzuspielen, bzw. es werden Präsentationen und Ortstermine betroffener Projekte durchgeführt. Hier wird auch über die Aufnahme des Projektes in die EFRE-Förderung und die Höhe der EFRE-Beteiligung entschieden.

Die *IMAG*-Mitglieder erhalten vor dem Sitzungstermin als Entscheidungsgrundlage den Beschlußvorschlag des Koordinierungsreferates. Er beinhaltet den vom Projektträger ausgefüllten Fragebogen, eine Kurzfassung der fachlichen Stellungnahme und eine Information über die Position des jeweiligen Projekts auf der regionalen Prioritätenliste. Theoretisch ist es möglich, über das Koordinierungsreferat zusätzliche Unterlagen der Fachreferate anzufordern, praktisch ist jedoch die Auswertung dieser Unterlagen schon unter Termingesichtspunkten nicht leistbar.

Die IMAG stuft die Projekte auf ihrer Sitzung in folgende Kategorien ein:

1a) Projekte, die grundsätzlich gefördert werden können.

1b) Projekte mit nachrangiger Priorität, die für eine Förderung in Betracht kommen, falls der Mittelrahmen es zuläßt.

2) Zurückgestellte Projekte, die weiter geprüft werden müssen.

3) Abgelehnte Projekte.

Die in die Kategorie 1a eingestuften Projekte werden bei Bewilligungsreife von der IMAG zur Bewilligung freigegeben und von den Fachressorts bewilligt und später ausgezahlt.

Im Rahmen der Befragung des DIW wurden die Gemeinden, die Erschließungsmaßnahmen von Gewerbegebieten mit Unterstützung des Regionalprogramms finanzierten, nach der Bedeutung des Regionalprogramms und ihren Erfahrungen mit der Förderung befragt, wobei sich die Förderung aus dem EFRE sich für die Gemeinde nicht von der des Regionalprogramms unterscheiden läßt. Nach diesen Angaben wurden durch die Förderung des Regionalprogramms die Erschließung der Gewerbegebiete erst ermöglicht, zumindest aber zeitlich vorgezogen. Die Verfahren der Förderung aus dem Regionalprogramm werden alles in allem überwiegend mit „akzeptabel“ bewertet. Als unproblematisch wird die Informationsbeschaffung über die Förderung, die Kontaktaufnahme mit dem zuständigen Referenten in der Verwaltung und die Zeitdauer zwischen Bewilligung und Auszahlung der Fördermittel angesehen. Schwieriger gestaltet sich jedoch die Auswahl des geeigneten Programms, wobei hier in erster Linie die Wahl zwischen der Gemeinschaftsaufgabe „Verbesserung der regionalen Wirtschaftsstruktur“ und dem Regionalprogramm gemeint sein dürfte. Probleme bereitet auch die Zusammenstellung der benötigten Unterlagen für den Förderantrag. In einigen Fällen wurde die Zeitdauer der Bearbeitung der Antragsunterlagen bis zur Bewilligung als zu lang und damit als schwierig empfunden.

Trotz des insgesamt effizienten Auswahlverfahrens lassen sich einige Problemfelder identifizieren. Diese liegen in erster Linie in folgenden Punkten:

- Die komplexe Zielstellung des Regionalprogramms fordert von den einzelnen Akteuren eine vielfältige Bewertung aller Projekte, die auf der Basis der bisherigen Informationsgrundlagen kaum zu leisten ist.
- Das Verfahren ist hinsichtlich der Ableitung der Projektauswahl aus den verschiedenen Ober- und Unterzielen des Regionalprogramms bisher wenig transparent.
- Dem hohen politischen Stellenwert des regionalen Votums wird im Auswahlverfahren nur indirekt Rechnung getragen.

Bei der Weiterentwicklung des Regionalprogramms sollten diese Problemfelder berücksichtigt werden. Dabei geht es vor allem darum, die Informationsgrundlagen der beteiligten Akteure und die Verarbeitung der Informationen zu verbessern, die Ableitung der Projektauswahl aus dem komplexen Zielkatalog transparenter zu gestalten sowie einen Vorschlag zur direkten Einbeziehung der regionalen Einschätzungen in das Auswahlverfahren zu entwickeln[20].

Die Effizienz des Auswahlverfahrens hängt zudem generell davon ab, daß es zu einem Wettbewerb zwischen den Projekten kommt. Dies wiederum ist nur der Fall, wenn die Förderungsmöglichkeiten begrenzt sind und die Projekte somit um die knappen Fördermittel des Regionalprogramms konkurrieren. Dazu gilt

---

[20] Hier wird das Grundprinzip der in Gornig/Toepel (1997) entwickelten Vorschläge zur Weiterentwicklung zusammengefaßt. Weitere Details s. ebenda, Kapitel 3.2.

es vor allem, durch eine aktive Projektakquisition für das Regionalprogramm die Nachfrage nach Fördermitteln aus dem Regionalprogramm durch interessante Projekte zu erhöhen. Zu den Aktivitäten zur Erhöhung des Projektangebots gehören folgende Maßnahmen:

- Offensive Werbung durch gezielte Ansprache potentieller Projektträger
- Verbesserung der Informationsflüsse zu den potentiellen Projektträgern
- Diversifizierung der Projektträgerlandschaft
- Unterstützung der Projektträger bei der Ideenfindung
- Schaffung eindeutig formulierter Anforderungen zur Projektbeschreibung

Darüber hinaus hängt die Bereitschaft zur Projektentwicklung aber auch von der Einschätzung ab, ob das Auswahlverfahren als „gerecht" angesehen wird. Ein wichtiger Aspekt ist hierbei ein flexibles und transparentes Auswahlverfahren.

Ein erster wichtiger Schritt zur kurzfristigen Verbesserung der Entscheidungsabläufe noch während der Laufzeit des EPPD ist dabei die Ausweitung der Informationsbasis für die Entscheidungsträger der IMAG. Für solche Verbesserungen ist die Weiterentwicklung des vorhandenen Projektfragebogens erforderlich, den die regionalen Geschäftsstellen auf der Grundlage von Informationen des Projektträgers und aus ihrer regionalen Kenntnis heraus ausfüllen.

Im Fragebogen sollten künftig neben den Mindestinformationen zum Projektträger/Investitionsort, der Kurzdarstellung des Vorhabens und den Angaben zum Umfang des Projekte (z.B. Größe der Gewerbefläche, Gesamtinvestitionsvolumen) explizit Ausführungen zu den Bereichen

- Beschäftigungs- und Qualifikationswirkungen,
- regionale Bedeutung

enthalten sein. Dies gilt für alle Projekte unabhängig davon, aus welchem Infrastrukturbereich sie kommen. Nur vollständig ausgefüllte Fragebögen dürften am weiteren Verfahren teilnehmen.

Die ex-ante Beurteilung von Beschäftigungs- und Qualifizierungswirkungen ist allerdings ohne Zweifel schwierig. Auch erscheint es weder machbar noch sinnvoll, ein für alle Projekttypen gültiges Indikatorenraster hinsichtlich der Beschäftigungs- und Qualifizierungswirkungen zu entwickeln. Die Wirkungsmechanismen der sehr unterschiedlichen Projekttypen - vor allem auch der regionalen Leitprojekte - lassen sich nicht in ein vorgegebenes konkretes Indikatorenraster pressen, noch sind alle möglichen Projekttypen zum jetzigen Zeitpunkt vorhersehbar.

Lediglich für bestimmte Arten von „Standardprojekten" könnte u.U. ein einheitliches Grundraster von Indikatoren entwickelt werden. Für die Anwendung eines solchen Indikatorenansatzes kommt z.B. der Projektbereich der Gewerbegebiete im Frage, der einen großen Teil der geförderten Projekte ausmacht. Die Projektträger werden bei solchen Standardprojekten aufgefordert, Informationen über die direkten und indirekten Beschäftigungs- und Qualifizierungswirkungen entsprechend den Indikatorbereichen beizubringen und weitestgehend Quantifizierungen (eventl. Spannbreiten) vorzunehmen. Dabei sind, soweit möglich und sinnvoll, die Effekte für Frauen getrennt auszuweisen.

Bei anderen Projekttypen und hierbei insbesondere auch den regionalen Leitprojekten ist eine ausführlichere Beschreibung der Beschäftigungs- und Qualifizierungswirkungen erforderlich. Dabei kommt es in erster Linie darauf an, die Wirkungsketten des jeweiligen Projektes zur Schaffung von Arbeitsplätzen und zur Verbesserung der Qualifikation darzustellen. Bei Projekten ab einer bestimmten Schwellengröße sollte eine ex-ante Evaluierung der Wirkungen durch externe Gutachter oder den regionalen Beirat stattfinden. Der entsprechende Bericht wird Bestandteil des Projektantrages. Die Bewertung der Beschäftigungswirkung durch die IMAG-Mitglieder erfolgt dann in Form einer Plausibilitätsprüfung und anhand von - durch die Bewertung von Projekten gewonnenen bzw. zu gewinnenen - Erfahrungswerten. Erscheinen die Darstellung der Wirkungsketten nicht plausibel oder die angegebenen Quantitäten nicht realistisch, kann die Möglichkeit einer Rücksprache mit dem Träger eingeräumt werden.

Zur kurzfristigen Verbesserung der Informationsbasis wäre in den Projektfragebogen auch explizit eine Beschreibung der regionalen Bedeutung einzubeziehen. Auch hier dürfte eine offene Darstellungsform notwendig sein, bei der die qualitative Beschreibung möglicher Wirkungszusammenhänge im Vordergrund steht. Eingegangen werden sollte dabei zunächst auf folgende Bereiche:

- die Beziehung zu vorhandenen Einrichtungen/konkurrierende Vorhaben im Umfeld und deren Auslastung
- den Beitrag zur Realisierung übergeordneter Pläne (z.B. Landesplanung)
- ggf. die Einbindung in überregionale Marketingkonzepte

Vor allem aber sollten die Beschreibungen der regionalen Bedeutung von einzelnen Projekten stärker auf die Beziehungen zur wirtschaftlichen Ausgangssituation in der jeweiligen Förderregion eingehen. Hierzu sind durch die Beschreibung von Stärke-Schwächen-Profilen erste Grundlagen entwickelt worden[21]. Diese Ansätze sollten insbesondere durch eine Analyse der jeweiligen infrastrukturellen Ausgangslage ergänzt und weiterentwickelt werden. Darüber hinaus könnten die Beziehungen zu regionalen Entwicklungskonzepten in die Darstellung der regionalen Bedeutung eingebunden werden. Voraussetzung für eine kurzfristige Umsetzung wäre allerdings auch hier, daß die ersten Überlegungen zu solchen Konzepten noch konkretisiert und von den regionalen Gremien beschlossen werden. Erste Schritte in Hinblick auf regionale Entwikkungskonzepte werden bereits unternommen.

Bei der ex-ante Evaluierung auch der Wirkung in den beiden Schlüsselbereichen „Beschäftigungs- und Qualifikationswirkungen“ und „regionale Bedeutung“ steht die Beschreibung des Nutzenbeitrags im Vordergrund. Es besteht daher die Gefahr, daß im Rahmen dieses Verfahrens bei der Bewertung die Projekte ausschließlich nach dem absoluten Nutzen beurteilt werden. Die Entscheidungsgrundlage sollte jedoch das Kosten-Nutzen-Verhältnis bilden, dafür sind Informationen über die Kosten des Projektes unerläßlich. In den Projektfragebögen sind daher auch konkrete Angaben und Schätzungen zum Fördervolumen aus dem Regionalprogramm und anderen Förderprogrammen sowie zu den Folgekosten und deren Trägern erforderlich. Ziel wäre es beispielsweise, die Prioritätenliste der Projekte der Rangfolge, die sich aus den Projektkosten ergibt, gegenüberzustellen.

Die Ausweitung der Informationsgrundlagen führt ohne Zweifel zu erheblichen Mehrbelastungen in der Antragsphase. Die Projektträger selbst dürften zudem häufig mit der Bereitstellung der Informationen in der gewünschten Form über-

---

[21] Gornig/Toepel (1997), Kapitel 2.3.

fordert sein. Die höheren Anforderungen an den Fragebogen können daher kaum auf die potentiellen Projektträger übertragen werden. Entsprechend würden die erhöhten Informationsanforderungen in der bisherigen Programmstruktur insbesondere die regionalen Geschäftsstellen belasten. Sie müßten dafür besser mit Ressourcen ausgestattet werden.

Diese kurzfristig umsetzbaren Verbesserungen der Informationsgrundlagen ändern jedoch am Grundproblem der Notwendigkeit fachfremder Bewertungen durch die IMAG-Mitglieder nur wenig. Grundgedanke einer längerfristigen Weiterentwicklung des Auswahlverfahrens im Falle einer Neuauflage des Regionalprogramms und der Kopplung des EFRE daran ist die Überlegung, daß jeder Vertreter in der IMAG von seinem fachlichen Standpunkt aus den Beitrag der einzelnen Projekte zu den Zielen des Regionalprogramms am besten beurteilen kann. Dasselbe trifft auf die regionalen Beiräte hinsichtlich ihrer regionalen Kenntnis zu, die die jeweiligen Projekte im Hinblick auf ihre Paßfähigkeit (regionale Engpaßfaktoren, regionale Spezialisierungen) und die regionalen Zielvorstellungen beurteilen sollten. Umgesetzt werden kann dieser Gedanke über die Bildung von zielbereichsbezogenen Einzelbewertungen der Projekte in der ex-ante Phase („Fachbewertungsmatrix" vgl. Abb. 4.3.4).

Bei einem solchen Fachbewertungskonzept wäre vom Land festzulegen, wer von den Fachressorts (IMAG-Mitglieder) für welchen Zielbereich zuständig ist. Den zuständigen Referaten wird dann die Aufgabe erteilt, von ihrem Fachstandpunkt aus für den jeweiligen Zielbereich eine Bewertung der Projekte (über alle Förderregionen) zu bilden. Dazu sind ggf. andere fachlich zuständigen Referate in den Häusern zu beteiligen und gemeinsam eine abgestimmte Einzelbewertung für den jeweiligen Zielbereich aufzustellen.

Das Koordinierungsreferat ruft die fachbezogenen und regionalen Bewertungen ab und führt sie zu einer Bewertungsmatrix mit den Zielbereichen (Spalten) und Einzelprojekten (Zeilen) zusammen (Abb. 4.3.4). Nach einem freien Verfahren der Abwägung der Projekte untereinander unter Berücksichtigung der unterschiedlichen Bedeutung der einzelnen Zielbereiche und anderen zu beobachtenden Bedingungen, wie der regionalen Ausgewogenheit, wird ein Vorschlag einer Prioritätenliste der Projekte erstellt. Die nach der vorgeschlagenen Priorität geordnete Fachbewertungsmatrix wird auf der IMAG-Sitzung diskutiert und

Abb. 4.3.4: **"Fachbewertungsmatrix"**

Zielbereich	Regionale Rangfolge	Beschäf-ti-gung	Qualifi-zierung	Frauen	Agrar-struktur-wandel	Technolo-gietransfer	Forschung und Ent-wicklung	Marketing	Informa-tion Kommuni-kation	Natur- und Umwelt-schutz
Zuständigkeit (Vorschlag)	Regionale Beiräte	VII/IX	III/VII	III	VIII	VII/X	X	VII	VII/X	XI
Projekt	Bewer-tung[1)]	Bewer-tung[1)]	Bewer-tung[1)]	Bewer-tung[1)]	Bewer-tung[1)]	Bewer-tung[1)]	Bewer-tung[1)]	Bewer-tung[1)]	Bewer-tung[1)]	Bewer-tung[1)]
Projekt A										
Projekt B										
Projekt C										
Projekt D										
Projekt E										
Projekt F										
Projekt G										

1) Zielbeitrag: klein / mäßig / hoch / sehr hoch.

ggf. sind die fachlichen und regionalen Bewertungen durch die Ressorts/Regionale Beiräte zu erläutern. Auf der Grundlage dieser Prioritätenliste und ihrer Diskussion fällt die IMAG die endgültige Entscheidung zur Förderrangfolge der Projekte. Über das eigenständige Votum aller Regionen wird im neu vorgeschlagenen Verfahren eine gewisse regionale Ausgewogenheit der Förderung erreicht. Ebenso werden Leitprojekte mit fach- und ressortübergreifendem Charakter durch dieses Verfahren begünstigt, da sie quer über mehrere Ressorts hohe Bewertungen erhalten. Außerdem werden die Zielbereiche des Regionalprogramms gleichmäßig abgedeckt.

4.3.8 Zusammenfassende Bewertung des Vollzugs und Schlußfolgerungen

Insgesamt wurde im betrachteten Zeitraum eine hohe Bewilligung, sogar schon in geringem Vorgriff auf die Folgejahre, erreicht. Das Programm ist zu 56 vH mit Bewilligungen belegt. Nicht nur die Bewilligung, auch der errreichte Auszahlungsstand ist ebenfalls mit durchschnittlich 47 vH der bewilligten EFRE-Mittel recht hoch. Von den im Jahre 1994 ausgesprochenen Bewilligungen beträgt er 94 vH, von den 1995er Bewilligungen 51 vH und von den im letzten Jahr bewilligten Vorhaben über 15 vH. Knapp ein Drittel aller Projekte wurde nahezu vollständig ausgezahlt. Drei Projekte wurden noch nicht begonnen.

Das EPPD sieht ein ausgewogenes Verhältnis der Projekttypen vor (vgl. Übersicht 4.3.1). Dies steht teilweise im Widerspruch zur Programmsteuerung des EFRE-kofinanzierten Regionalprogramms, das einen deutlichen Schwerpunkt auf wirtschaftsnahe Infrastruktur und dabei auf Gewerbegebietserschließungen legt. Die Bewertung der Zielerreichung im Vollzug hängt dabei in hohem Maße von der Zuordnung der einzelnen Projekte auf die entsprechenden Zielkorridore ab.

Insbesondere Zuordnung der Kläranlagen ist dabei durchaus strittig, da sie einerseits Umweltwirkungen aufweisen, aber gleichzeitig direkt zur Erschließung von Gewerbegebieten dienen. Diese Projekte haben zudem ein sehr großes Mittelvolumen, so daß sich ein völlig anderes Bild ergibt. Schließt man sie in die Gruppe der Gewerbegebietserschließungen mit ein, dann erreicht diese Gruppe fast die Hälfte aller Bewilligungen und liegt damit in deutlichem Abstand vor allen anderen Fördertatbeständen. Damit würden die Vorstellungen des EFRE-Unterprogramms (20 vH der Bewilligungen und Investitionen) deutlich überschritten (vgl. Tab. 4.3.4).

Die Landesregierung mißt jedoch der Umweltwirkung der Kläranlagen eine höhere Bedeutung als der Verbesserung der Ansiedlungsbedingungen für die betroffenen Unternehmen zu, und ordnet diese daher in die Gruppe der sonstigen Projekte ein. Damit liegt die Gruppe der Gewerbegebietserschließungen ohne die Kläranlagen innerhalb des Zielbereichs des EPPD (vgl. Tab. 4.3.3). Das Gesamtinvestitionsvolumen der sonstigen Projekte wird unter Einschluß der Kläranlagen dagegen somit deutlich überschritten und das vorgesehene EFRE-Mittelvolumen für diese Gruppe ist jetzt schon für die Gesamtperiode fast ausgeschöpft.

Die Bewilligungen im Bereich der Ausbildungseinrichtungen erfüllen ebenfalls die Planungen. Im Gegensatz dazu bleiben die Bewilligungen zum Ausbau touristischer Basisinfrastrukturen und bei den Hafenprojekten jeweils um die Hälfte hinter den ursprünglichen Vorstellungen zurück. Beim Fremdenverkehr entspricht zudem die Struktur der bisher geförderten Vorhaben überhaupt nicht den Projekttypen, die im Programmplanungsdokument genannt sind. Eine Umorientierung der Programmsteuerung zugunsten von Fremdenverkehrsinvestitionen scheint daher angeraten, wobei immer im Mittelpunkt der Entscheidung für eine Bewilligung die Paßfähigkeit des einzelnen Projektes in die regionale Entwicklungsstrategie stehen sollte. Gegebenenfalls ist auch eine Umschichtung der Mittel zugunsten der sonstigen Projekte zu prüfen, da hier ein breites Spektrum von Vorhaben, auch im Fremdenverkehrsbereich, möglich ist.

4.4 Wirkungsanalyse

4.4.1 Allgemeine Vorbemerkungen

Bei der Durchführung einer Wirkungsanalyse geht es darum, die mit dem Programm verbundenen sozialen und wirtschaftlichen Effekte einzuschätzen. Dabei werden zunächst auf Projektebene sowohl die unmittelbaren als auch die mittelbaren Wirkungen erfaßt. Die ermittelten Wirkungen werden den gesetzten Zielstellungen des EPPD gegenübergestellt (Effektivitätskontrolle) (s. Kapitel 4.4.3). Die Wirkung des Gesamtprogramms wird aus der Summe der Projektwirkungen ermittelt (vgl. Kapitel 4.4.4). Im Rahmen einer Effizienzanalyse werden die Beiträge der Interventionen zum Erreichen des Ziels in Beziehung zum Aufwand, d.h. zum Fördervolumen, gesetzt (s. Kapitel 4.4.5).

Die vorliegende Untersuchung führt eine Wirkungsanalyse anhand eines Bündels von Einzelindikatoren durch. Wie bereits beschrieben, wird dabei bewußt von dem hohen Anspruch der Erfassung von Nettowirkungen abgegangen. Hinweise auf Mitnahme- und Verdrängungseffekte können mit dieser Methode nur in Einzelfällen gewonnen werden. Grundlage für die Effektivitäts- und Effizienzeinschätzungen sind daher die Bruttowirkungen.

Bei der durchgeführten Analyse handelt es sich um eine Zwischenevaluierung, die mit drei Jahren nur einen relativ kurzen Bewilligungszeitraum umfaßt. Zudem erfolgt diese Evaluierung sehr zeitnah, denn der Bewilligungszeitraum wurde erst wenige Tage vor dem Abschluß der Untersuchung beendet. Dies wirft für die Evaluierung besondere Probleme und Einschränkungen in der Aussagekraft auf. Ein großer Teil der Projekte ist in ihrer Bauphase noch nicht abgeschlossen. Aussagen über ihre Wirkungen in der Leistungsabgabephase können daher nur antizipiert werden. Dies schließt bspw. Fragen nach den Strategien zur zukünftigen Nutzung der geförderten Einrichtungen (Vermarktung) ein. Eine solche Zwischenevaluierung enthält daher auch Elemente einer ex-ante Evaluierung.

Endgültige Aussagen zu Wirkungen und Effizienz des Programms können erst mit weiteren ex-post Evaluierungen erfolgen. Dabei ist auch zu beachten, daß das betrachtete Programm vorrangig auf den Ausbau der Infrastruktur zielt. Infrastrukturvorhaben entfalten wiederum erst langfristig ihre vollen Wirkungen. Entsprechend sind solche ex-post Evaluierungen nochmals nach größerem Abstand sinnvoll.

4.4.2 Indikatoren für die Wirkungskontrolle

„Indikatoren“ sind Größen, die Ersatzmaßeinheiten oder indirekte Maße für nichtmeßbare Faktoren oder Ziele darstellen. Ihnen muß ein funktionalisierbarer, kausal fundierter Zusammenhang zwischen einer Kenngröße und einer Aussage - hier regionale Entwicklung - zugrundeliegen. Indikatoren sind daher immer unvollkommen und stellen bestenfalls Näherungsgrößen dar. Bei der Evaluierung der EFRE-Förderung geht es nicht nur um die allgemeine Messung von

Veränderungen, sondern primär um die Zuordnung, was die Fördermaßnahmen dazu beigetragen haben.

Eine Evaluierung der Förderung aus dem EFRE, die sich nur auf rein quantitative Indikatoren bezieht, greift zudem zu kurz. Von besonderem Interesse sind vielmehr auch qualitative Aspekte. Qualitative Indikatoren werden dann herangezogen, wenn quantitative Indikatoren nicht als valide und belastbar angesehen werden, wenn diese alleinstehend als nicht aussagekräftig angesehen werden können und/oder nicht erhoben werden können.

Die Bewertung des EFRE-Einsatzes ist multidimensional: Einerseits muß den Vorgaben des EPPD entsprochen werden, andererseits müssen auch die EFRE-geförderten Projekte den Zielen und Vorgaben der Programmsteuerung des gesamten Regionalprogramms Rechnung tragen. Das EPPD enthält neben den Zielkorridoren hinsichtlich der Aufteilung der Fördersummen auf einzelne Fördertatbestände eine Reihe von Indikatoren zu Anzahl und Größe der zu fördernden Projekte (vgl. Abb. 4.4.1). Diese Indikatoren sind jedoch überwiegend nur für die Vollzugskontrolle (vgl. voriges Kapitel) relevant. Wirkungen der Projekte spiegeln sie dagegen nur unzureichend wieder. Zur Programmsteuerung werden die materiellen Indikatoren kaum verwendet. Hauptsteuerungsgrößen des Landesprogramms sind die finanziellen Indikatoren. Die Richtlinie des Regionalprogramms enthält dagegen überhaupt keine Indikatoren bzw. an Indikatoren festgemachte Zielwerte oder -korridore. Aus der Analyse der Zielstellung des Regionalprogramms und der Vorgaben zur Programmsteuerung kommt jedoch bei der Bewertung der Projekte den „Beschäftigungs- und Qualifizierungswirkungen“ und der „regionalen Bedeutung“ die zentrale Rolle zu.

Im Bereich der Beschäftigungs- und Qualifizierungswirkungen werden als Zielindikatoren für die Abschätzung der Wirkungen traditionelle Indikatoren, wie die Erhöhung von Beschäftigtenzahl, Qualifikationen und der jeweiligen Frauenanteile nach Maßgabe der Verfügbarkeit verwendet. Da die Projekte, die bisher gefördert worden sind, unterschiedlichen Charakters mit vielfältigen Wirkungsketten sind, ist es wenig hilfreich, ein gemeinsames Set von Indikatoren zu definieren, das bei allen Projekten zur Anwendung kommt. Gemeinsamkeiten hinsichtlich der Wirkungsbereiche gibt es lediglich innerhalb der Bauphase von Infrastrukturprojekten. Die jeweiligen Indikatoren, insbesondere der Lei-

Abb. 4.4.1: **Indikatoren auf Maßnahmenebene des Unterprogramms II**

	Wert-angabe[1)]	Ziel-angabe[2)]	Art des Indikators[3)]
Industrie- und Gewerbegebiete			
– Anzahl der Projekte	☑	☑	V
– ha Erschließungsfläche	☑	☑	V/E
– m² Nutzfläche	☑	☑	V/E
– durchschnittliche Kosten	☑	☑	V/E
– angesiedelte Unternehmen und Arbeitsplätze	☑	☐	V/E
Touristische Basiseinrichtungen			
– Anzahl der Schwimmbäder	☑	☑	V
– m² Wasserfäche	☑	☑	V/E
– Anzahl der Modernisierungen von Kurmittelhäusern	☑	☑	V
– m² Nutzfläche der Kurmittelhäuser	☑	☑	V/E
– Anzahl der Strandbrücken	☑	☑	V
– Länge der Strandbrücken	☑	☑	V/E
– Anzahl der EDV-Zimmervermittlungen	☑	☑	V
– Anzahl der angeschlossenen Unternehmen	☑	☑	V/E
– durchschnittliche Kosten	☑	☑	V/E
– gesicherte und geschaffene Arbeitsplätze	☑	☐	V/E
– Anzahl der Übernachtungen	☑	☐	V/E
Hafeneinrichtungen			
– Anzahl der Maßnahmen	☑	☑	V
– durchschnittliche Kosten	☑	☑	V/E
– Schiffsabfertigungen je Hafen	☑	☑	V/E
Ausbildungseinrichtungen			
– Anzahl der Vorhaben	☑	☑	V
– durchschnittliche Kosten	☑	☑	V/E
– Anzahl der Werkstatt- bzw. Unterrichtsplätze	☑	☑	V/E
Sonstige Projekte			
– Anzahl der Projekte	☑	☑	V
– Zahl der Nutzer	☐	☐	V/E
– gesicherte und geschaffene Arbeitsplätze	☐	☐	V/E
Technische Hilfe			
– Anzahl der eingestellten Mitarbeiter	☑	☑	V

1) In den Jahresberichten des EFRE.- 2) Im EPPD.- 3) V = Vollzugsindikator, E = Ergebnisindikator.

Quelle: EPPD Unterprogramm II, Jahresberichte zum Einsatz des EFRE 1995 und 1996 des MWTV.

stungsabgabephase, werden daher bei den einzelnen Projekttypen vorgestellt. Die Gliederung folgt dabei der bereits im vorangegangenen Kapitel praktizierten Eingruppierung der Projekte.

Berücksichtigt werden muß bei der Aussagekraft der folgenden Wirkungsanalyse, daß aus dem Monitoring des Regionalprogramms, wie bereits dargestellt, lediglich Indikatoren zum Mittelfluß und zu den Investitionsvolumina direkt zu entnehmen waren[22]. Weitere Indikatoren, die in erster Linie das EPPD als Ziel vorgibt (vgl. Abb. 4.4.1), werden zwar für die EFRE-geförderten Projekte jeweils im Frühjahr aus Anlaß der Jahresberichterstattung erhoben, dies war jedoch nicht ausreichend, da die Erhebung im Frühjahr 1996 für den Stichtag 31.12.1996 der Zwischenevaluierung nicht zeitnah genug erfolgte[23]. So mußten fast alle Indikatoren einzeln ermittelt werden, entweder durch eine schriftliche Befragung (bei den Gewerbegebietserschließungen) oder über Fallstudien und Einzelrecherchen.

Hinsichtlich der „regionalen Bedeutung“ der Projekte kommt es darauf an, welchen Beitrag die Projekte zum Ausbau regionaler Stärken und zum Abbau regionaler Schwächen geleistet haben. Im Rahmen der hier vorgelegten Wirkungsanalyse können dazu nur wenige Aussagen getroffen werden, da von den regionalen Akteuren noch keine Stärken-Schwächen-Profile für die Förderregionen vorgelegt und bewertet wurden. Ohne eine solche Bewertung hinsichtlich der strategischen Relevanz der einzelnen Stärken und Schwächen können die Projekte auch nicht hinsichtlich ihrer Paßfähigkeit in eine daraus abgeleitete regionale Entwicklungsstrategie bewertet werden. Lediglich erste Anhaltspunkte ihrer grundsätzlichen Paßfähigkeit zum Abbau regionaler Schwächen bzw. Ausbau regionaler Stärken sind ableitbar, soweit diese in den im ersten Zwischenbericht der Regionalprogrammevaluierung beschriebenen Stärken-Schwächen-Profilen enthalten sind[24]. Diese müßten jedoch noch um eine Analyse der infrastrukturellen Ausgangslage ergänzt und weiterentwickelt werden. Dabei wird jedoch nicht berücksichtigt, daß die Stärken und Schwächen von

---

[22] Gornig/Toepel (1997), Kapitel 4.2.

[23] Im Frühjahr 1997 wurden diese Indikatoren für den Jahresbericht des Jahres 1996 erneut erhoben und mit der hier vorliegenden Untersuchung abgeglichen.

[24] Vgl. Gornig/Toepel (1997), Kapitel 2.3.

den regionalen Akteuren für ein Entwicklungskonzept mit Prioritäten versehen werden müssen, aus denen sich dann auch Konsequenzen für die Indikatoren einer Evaluierung hinsichtlich der regionalen Bedeutung der Projekte ergeben. Die umfassende Bewertung der geförderten Projekte hinsichtlich ihrer regionalen Bedeutung muß einer späteren Evaluierung[25] vorbehalten bleiben.

4.4.3 Wirkungen der Einzelprojekte

Regionale Leitprojekte

Laut Förderrichtlinie des Regionalprogramms erhalten regionale Leitprojekte Vorrang in der Förderung, deren strukturpolitischer Effekt für die Region

- fach- und ressortübergreifend,
- überörtlich und
- modell- und beispielhaft für die gesamte Region ist.

Die Projekte werden dabei, wie alle anderen „normalen" Projekte auch, in erster Linie nach ihren direkten und indirekten Beschäftigungswirkungen beurteilt. Die regionalen Leitprojekte sollen positive Effekte in möglichst vielen der folgenden Bereiche haben:

- Bewältigung des Agrarstrukturwandels,
- Qualifizierung,
- Technologietransfer,
- Forschung und Entwicklung,
- Marketing (Produkt- oder Regionalmarketing),
- Information und Kommunikation (einschließlich soziales Klima, regionale Kooperation),
- Natur- und Umweltschutz.[26]

Damit unterliegen die regionalen Leitprojekte besonders hohen Anforderungen, nicht nur, daß sie die entsprechenden Beschäftigungs- und Qualifizierungswirkungen aufweisen müssen, sondern sie müssen Wirkungen in möglichst vielen,

---

[25] Wie in Gornig/Toepel (1997) Kapitel 5.4 vorgeschlagen.

[26] Vgl. Richtlinie des Regionalprogramms Ziffer 1.4.1.

aber ganz verschiedenen Bereichen zeigen. Auch ist die „regionale Bedeutsamkeit“ der Projekte weiter gefaßt: Die Vorhaben sollen nicht nur zur regionalen Entwicklungsstrategie, d.h. zum Abbau der regionalen Schwächen und zum Ausbau regionaler Stärken, passen und beitragen, sondern gleichzeitig Modellcharakter für andere Projekte in der Region haben.

Daß es schwierig ist, überhaupt Projekte in dieser Kategorie zu finden, zeigt die bisher geringe Anzahl von regionalen Leitprojekten. Von den im Untersuchungszeitraum geförderten Projekten wird in den Projektunterlagen nur die Errichtung eines Centrums für Angewandte Technologien (CAT)[27] in Meldorf (Westküste) als Leitprojekt benannt. Dafür wurden 6,6 vH der EFRE-Mittel aufgewendet. Mit großer Wahrscheinlichkeit könnte man jedoch auch das Zentrum für Wattenmeermonitoring zu den Leitprojekten zählen. Inwieweit noch andere Projekte Leitprojektcharakter haben, konnte im Rahmen dieser Untersuchung nicht geprüft werden, da dies eine umfassende Betrachtung jedes einzelnen Projektes erfordert hätte.

Die grundsätzliche Voraussetzung der überörtlichen Bedeutung ist im Falle des CAT für ein Leitprojekt gegeben. Das Zentrum kann seine Kapazitäten als technologieorientiertes Gründerzentrum in einer verhältnismäßig dünnbesiedelten Region nur durch einen überörtlichen Einzugsbereich ausfüllen.

Das Projekt zielt im Kern auf die Bereitstellung von Räumlichkeiten für Existenzgründer und technologieorientierte Unternehmen in der Aufbauphase. Den Unternehmen soll durch räumliche Nähe die Kontaktanbahnung und der Technologietransfer mit anderen innovativen Unternehmen und zu Forschungseinrichtungen erleichtert werden. Wirkungen in den Bereichen Technologietransfer und Kommunikation/Kooperation wären bei entsprechendem innovativem Charakter der eingemieteten Unternehmen zu erwarten. Alle anderen Bereiche werden von diesem Leitprojekt nicht tangiert, allenfalls indirekt über den Technologietransfer noch der Bereich Forschung und Entwicklung. Das CAT soll Hauptanlaufstelle für den Kreis für den Technologietransfer werden.

Der Modell- oder Beispielcharakter der Struktureffekte von Leitprojekten im Sinne des Regionalprogramms impliziert zunächst quantitativ oder qualitativ

[27] Dieses Projekt wurde im Rahmen einer Fallstudie näher untersucht.

besonders herausragende Wirkungen auf die Regionalstruktur. Dies läßt sich erst unter Betrachtung der Wirkungen des Gesamtprogramms und entsprechenden Vergleichen einschätzen. Mit dem Begriff „Modell/Beispiel“ assoziiert wird dagegen auch, daß aus diesem „Modellversuch“ die Übertragung der erfolgreichen Elemente durch weitere Projekte dieser Art resultieren sollte. Voraussetzung dafür ist die Übertragbarkeit der Leitprojekte auf andere Regionen. Dies zu untersuchen, hätte tiefergehende Fallstudien erfordert, so daß im Rahmen dieser Untersuchung darauf verzichtet werden mußte.

Erschließung von Industrie- und Gewerbegebieten

Insgesamt wurden in 14 Vorhaben rund 55 ha Gewerbeflächen mit Hilfe des EFRE erschlossen. Das sind um die Hälfte mehr als in den Planungen des Regionalfonds für Schleswig-Holstein ursprünglich vorgesehen (25 ha geplant). Hinzukommen noch zwei Kläranlagen und eine Messehalle. Die Bauphase der meisten Projekte wurde erst 1996 beendet. Drei Projekte werden sogar erst 1997 oder später zur Ansiedlung zur Verfügung stehen.

Zur Abschätzung der Wirkungen der geförderten Vorhaben wurde eine schriftliche Befragung derjenigen Gemeinden durchgeführt, die spätestens im Jahre 1996 die Erschließungsmaßnahmen der geförderten Bauabschnitte beenden sollten. Die Befragung umfaßte daher 12 Gemeinden von insgesamt 14 geförderten Gemeinden. Zusätzlich wurde eine Fallstudie in Handewitt durchgeführt. Von den befragten Gemeinden wurden 10 Fragebögen (einschließlich der ermittelten Angaben aus Handewitt) ausgefüllt. Die Flächen (netto) in den befragten Gemeinden umfassen rund 42 ha, d.h. durch die Befragung wurden 76 vH der durch den EFRE geförderten Gewerbegebietserschließungen auswertbar erfaßt.

Alle Projekte sind Gewerbegebietserschließungen an einem neuen Standort, d.h. die Fläche war vorher landwirtschaftlich genutzt oder lag brach. Die nutzbaren Flächen betragen zwischen 1,5 bis 7,6 ha, im Durchschnitt 4 ha. Die Erschließung ist damit deutlich kleinteiliger als im EPPD (durchschnittlich 5 ha) vorgesehen. Bis auf wenige Ausnahmen konnten die ersten Unternehmen sich im Jahre 1996 ansiedeln. Im Durchschnitt sind die Flächen zum jetzigen Zeitpunkt zur Hälfte ausgelastet, teilweise auch schon bis zu 85 vH. Die Flächen werden überwiegend nicht überregional vermarktet. Auf den Flächen, die durch die Befragung erfaßt wurden, haben sich bisher 32 Unternehmen angesiedelt, die rund

260 Arbeitsplätze aufweisen. Es sind überwiegend Verlagerungen von Betrieben aus der Region. Die meisten Unternehmen haben 5 bis 10 Mitarbeiter. Nach Branchen betrachtet, sind rund die Hälfte der Unternehmen baunahen Zweigen und weitere 30 vH technischen Dienstleistungen zuzurechnen. Mit den Erschließungsarbeiten wurden vorangig Unternehmen aus der jeweiligen Gemeinde oder aus der unmittelbaren Umgebung beauftragt. Im Durchschnitt waren während der Bauarbeiten 20 Personen beschäftigt. Es errechnet sich ein Bauvolumen von rund 800 Personenmonaten, d.h. 11 Bauunternehmen mit jeweils 6 Mitarbeitern wären ein Jahr lang beschäftigt, um dieses Volumen abzuarbeiten.

Die bereits erfolgten Ansiedlungen sind mit über 600 m² Grundstücksfläche pro Arbeitsplatz bisher vergleichsweise[28] flächenintensiv. Das erklärt sich aus der Belegung, da es sich überwiegend um baunahe Zweige, die sehr lagerintensiv sind, handelt. Eine signifikante Durchschnittsgröße für den Flächenbedarf zur Abschätzung des Arbeitsplatzpotentials der Flächen ist nicht zu finden. Vielmehr schwankt der Flächenbedarf betriebsindividuell in Abhängigkeit von der Branche, Betriebsgröße und dem Verhältnis von Fertigung und dispositiven Funktionen in der Unternehmenstätigkeit stark. Im ländlichen Raum werden die Grundstücksflächen in der Regel zudem weniger intensiv genutzt als in städtischen Lagen. Verlagerte und neu angesiedelte Unternehmen haben außerdem die Tendenz, relativ viel Fläche in Anspruch zu nehmen[29], um Wachstumsreserven für die Zukunft vorzuhalten. Für kleine Gemeinden wurden bei Neuansiedlungen Durchschnittswerte von 257 m² Grundstücksfläche pro Arbeitsplatz ermittelt[30]. Da das Übergewicht baunaher Zweige (Metallbau, Hoch- und Tiefbau, Landschaftsbau etc.) bei den Unternehmensansiedlungen auf den geförderten Flächen tendenziell erhalten bleiben wird, erscheint die Zugrundelegung einer Durchschnittsgröße von 300 m² Grundstücksfläche pro Arbeitsplatz für die Schätzung des Ansiedlungspotentials angemessen. Danach errechnet sich ein Arbeitsplatzpotential bei Vollauslastung der Flächen von rund 1800 Arbeitsplätzen.

---

[28] In Sachsen weisen im gleichen Zeitraum im Rahmen der GRW unter Beteiligung des EFRE geförderte Gewerbegebiete nur einen Flächenverbrauch von rund 400 m² auf.

[29] Eickelpasch/Pfeiffer/Ring (1992), S. 21 - 22.

[30] Vgl. Wibera AG (1979).

In einer Fallstudie wurde die Gewerbegebietserschließung in Handewitt vertiefend betrachtet. Hier wurde in einem ersten Bauabschnitt eine Fläche von 4,8 ha erschlossen. Langfristig sollen es ca. 100 ha nach insgesamt 6 Bauabschnitten sein. Der folgende zweite Bauabschnitt ist für das Regionalprogramm angemeldet und bewilligungsreif. Die Bewilligung wird 1997 erwartet. Das Gewerbegebiet ist eines der ersten Projekte interkommunaler Kooperation in Schleswig-Holstein. Ziel des Projekts ist es, die Flächenknappheit für die Investoren in der Stadt Flensburg zu überwinden, da dort nur größere Grundstücke in Industriegebieten im Angebot sind, die kaum für kleine und mittlere Unternehmen geeignet sind. Damit werden in der Region die Ansiedlungsbedingungen gerade für kleine und mittlere Unternehmen verbessert, indem ihnen Flächen zur Expansion und Verlagerung angeboten und damit Arbeitsplätze gesichert werden. Ferner ist das Gewerbegebiet eine Steuereinnahmequelle für die Gemeinde Handewitt, ab einer bestimmten Größenordnung der Einnahmen profitiert auch Flensburg zur Hälfte davon.

Die Wirtschaftsförderungsgesellschaft (GfW) der Stadt Flensburg wurde schon früh in Abstimmungsgespräche mit Handewitt eingebunden. Diese Gesellschaft wurde in eine regionale Wirtschaftsförderungsgesellschaft umgewandelt (WiREG), deren Gesellschafter sind fast alle Ämter, Städte und Gemeinden des Kreises zuzüglich des Zweckverbandes zur Erschließung des Gewerbegebietes (Wirtschaftsentwicklungsgemeinschaft Flensburg/Handewitt - WEG) und den beiden Sparkassen. Die WiREG vermarktet die Gewerbeflächen der Stadt Flensburg und der WEG in Handewitt und unterstützt die Vermarktung der Flächen in der Region Schleswig-Flensburg, was ein abgestimmtes Angebot in der Region ermöglicht. In Handewitt sind z.Zt. noch drei Teilflächen (ca. 1,04 ha) frei. Bei den angesiedelten Unternehmen überwiegen baunahe Zweige (Tiefbau, Garten- und Landschaftsbau, Schlosserei, Hochbau). Sie stellen vorwiegend Verlagerungen aus der Region oder Betriebe, die expandieren, dar. Damit wurden 98 Arbeitsplätze gesichert. Die Unternehmen planen 13 Neueinstellungen.

Ausbau von touristischen Basisinfrastrukturen

Zu unterscheiden für die Wirkungsanalyse sind - neben den kurzfristigen, zeitlich begrenzten Beschäftigungseffekten während der Bauphase - einerseits die direkten Beschäftigungseffekte in den geförderten Einrichtungen selbst, bspw. aus der Erhöhung der Bettenzahl resultierende Veränderungen in der Beschäftigtenzahl und im Umsatz. Andererseits entstehen durch zunehmende Touristenzahlen Effekte, die auf vor- und nachgelagerte Sektoren ausstrahlen, z.B. im Handel, in der Gastronomie und Dienstleistungen.

Durch den EFRE wurden im Fremdenverkehrsbereich drei Projekte gefördert. Darunter sind zwei Projekte zum Um- und Ausbau von Jugendherbergen. Hier werden Modernisierungsmaßnahmen, wie z.B. der behindertengerechte Ausbau, vorgenommen und durch Neubau und Erweiterungen die Bettenzahl um rund 190 Betten erhöht. Damit soll gleichzeitig die Wirtschaftlichkeit der Einrichtungen verbessert werden. Die Jugendherbergen stellen in den Gemeinden und der Region ein wichtiges touristisches Angebot dar. Hier geht es weniger um den direkten Beschäftigungseffekt, dem Erhalt oder die marginale Erhöhung der Arbeitsplätze direkt in den Jugendherbergen (Herbergseltern, Küche), sondern um indirekte Effekte. Die beiden EFRE-geförderten Projekte Albersdorf und Borgwedel entziehen sich bisher einer Beurteilung der möglichen Effekte, da beide Projekte sich noch bis etwa April/Mai 1997 im Bau befinden.

In St. Peter-Ording wurde im Jahre 1994 die Umstellung der Schlickaufbereitungsanlage von maritimen auf fossilen Schlick für balneo-therapeutische Zwecke aus dem Regionalprogramm unter Beteiligung des EFRE bewilligt und die neue Anlage 1996 in Betrieb genommen. Bisher wurde der Schlick aus dem Wattenmeer gewonnen, dessen Vorkommen nahezu ausgeschöpft ist. Zudem war der Abbau aus Naturschutzgründen und wegen der hohen Belastung des Schlicks mit Schwermetallen zunehmend umstritten.

St. Peter-Ording ist das größte Nordseeheilbad mit insgesamt rund 16.000 Gästebetten und ca. 2,4 Mill. Übernachtungen im Jahr. Die Salzwasserschlickanwendung ist dabei als ortsgebundenes Heilmittel neben Seewasser und Schwefelsohle eine lokale Spezialität. Rund 15 vH aller Kuranwendungen und über 20 vH des Umsatzes entfallen auf Schlickbäder und -packungen. Die Tendenz ist steigend. Mit der Aufrechterhaltung des Schlickangebots werden rund 70 Arbeitsplätze im Kurmittelhaus in St. Peter Ording erhalten. Durch die Umstellung auf das fossile Schlickvorkommen ist die Versorgung des Kurortes in entsprechender Qualität auf Jahrzehnte gesichert. Außerdem kann der Schlick in Zukunft an andere Kurorte (Pellworm, Nordstrand, Büsum), die vor ähnlichen Problemen stehen, verkauft werden. Es wird deutlich, daß die hier getätigte Investition für den Erhalt des Kurmittelangebots, und damit des Heilbadstatus, in St. Peter-Ording und der Region auch langfristig von essentieller Bedeutung ist.

Ausbau von Hafeneinrichtungen

Die durch den EFRE geförderten Projekte zielen auf die Förderung der Grundinstandsetzung der betreffenden Häfen. Dabei wurden durchgängig zur Aufrechterhaltung der Nutzung der Häfen dringend notwendige Instandhaltungsarbeiten und kleinere Ausbaumaßnahmen zur Anpassung an veränderte Verkehrsanforderungen durchgeführt. Die Beurteilung der technischen Notwendigkeit der einzelnen getroffenen Maßnahmen entzieht sich weitgehend einer ökonomischen Betrachtung, erscheint jedoch angesichts der bspw. angegebenen Korrosionsschäden plausibel.

Das EPPD nennt für die Hafenprojekte als Ziel die Sicherstellung des 1993 erreichten Fähraufkommens von durchschnittlich 6000 Schiffsabfertigungen je Hafen. Allerdings wird dieser Indikator schon im Dokument in seiner Bedeutung eingeschränkt, als daß die Abfertigungskapzitäten der Häfen unterschiedlich groß sind und daher die Einzelwerte stark voneinander abweichen können[31.]. Dieser Indikator ist daher auf die konkreten Vorhaben überhaupt nicht anwendbar. Im Falle der bisher durch den EFRE geförderten Häfen wurde dieser Wert sogar im Bezugsjahr 1993 nur von Wyk überschritten, der andere Hafen hat deutlich geringere Kapazitäten. Da ein Ausbau der Kapazitäten entsprechend der Zielstellung des Landes für diese Häfen nicht in Frage kommt, ist der Indikator wohl dahingehend zu interpretieren, als daß die Anzahl der Schiffsabfertigungen entsprechend der Kapazitäten der Häfen gegenüber 1993 aufrechtzuhalten ist.

Das Investitionsvolumen umfaßt überwiegend Bauinvestitionen. Konkrete Beschäftigungszahlen der Bauphase waren jedoch nicht ermittelbar. Es ist aber davon auszugehen, daß die notwendigen Arbeiten hauptsächlich von Unternehmen der Region ausgeführt werden.

Hinsichtlich der langfristigen Beschäftigungswirkungen nach Abschluß der Instandhaltungsarbeiten geht es bei diesen Projekten nicht um die Neuschaffung von Arbeitsplätzen, sondern vielmehr um den Erhalt einerseits der mit dem Ha-

---

[31] Vgl. EPPD, S. 207.

fenbetrieb direkt verbundenen Arbeitsplätze und andererseits um den Erhalt von Erwerbschancen für die Inselbewohner entweder auf den Inseln selbst (Landwirtschaft, Tourismus) oder durch Aufrechterhaltung der Pendelmöglichkeiten zum Festland sowie in der Fischerei. Außerdem sind die Inseln Amrum und Föhr bzw. das Watt für Schleswig-Holstein insgesamt ein bedeutsames Ziel für Touristen, die wiederum auch in anderen Regionen Einkommensmöglichkeiten schaffen. Mit Ausnahme der mit dem Hafenbetrieb direkt verbundenen Arbeitsplätze sind diese indirekten Effekte nicht quantifizierbar. Dies hätte eine Sonderauswertung der amtlichen Statistik oder eine Befragung der Inselbewohner erfordert, was im vorgegebenen Zeit- und Kostenrahmen nicht leistbar war.

In den Häfen sind vergleichsweise wenig Personen beschäftigt. Es ist auch kein Zuwachs an Beschäftigung zu erwarten, da die Instandhaltungsarbeiten den Hafenbetrieb nicht ausweiten, sondern erhalten sollen. Rund 8 Arbeitsplätze werden im direkten Hafenbetrieb durch die Investitionen erhalten. Bezieht man in die Betrachtung ein, daß fast alle Erwerbstätigen der betroffenen Inseln von der Aufrechterhaltung des Hafenbetriebs abhängig sind, sei es durch die Lieferung von Vorprodukten, den Versand der Erzeugnisse oder durch das Pendeln auf das Festland per Schiff, indirekt wären dann von den geförderten Häfen rund 2 500 Beschäftigte[32] abhängig.

Qualifizierungswirkungen sind von diesen Förderprojekten nur dann zu erwarten, wenn durch die Aufrechterhaltung der Verbindung zum Festland die Teilnahme an Fortbildungsveranstaltungen möglich wird, im Hafen selbst dagegen nicht, da es um die Aufrechterhaltung des Hafenbetriebes, aber nicht um eine qualitative Weiterentwicklung geht, mit dem eventuell auch Qualifizierungsbedarfe und -effekte bei den dort Beschäftigten verbunden sein könnten.

Die regionale Bedeutsamkeit der Projekte ist mehrdimensional: Hauptfunktion der geförderten Häfen ist die Versorgung der Inseln mit Gütern und die Aufrechterhaltung des Personenverkehrs zwischen den Inseln, den Halligen und dem Festland. Daneben sind der Hafen Wyk Anlandungspunkt für den Krabbenfang. Die Häfen erfüllen desweiteren wichtige Funktionen als Not- und Versorgungshäfen.

---

[32] Zugrundegelegte Erwerbstätigenquote von 40 vH der Bevölkerung entsprechend dem Landesdurchschnitt.

Die Entwicklung der Güterein- und -ausgänge in den Jahren 1993 bis 1995[33] ist der Tabelle 4.4.1 zu entnehmen. Der am Güterumschlag gemessen mit Abstand größte Hafen ist Wyk auf Föhr mit über 150 Tsd. t Gütereingang und rund 30 Tsd. t Güterausgang jährlich. Beide Häfen weisen beim Gütereingang eine rückläufige Tendenz auf. Der Güterausgang steigt dagegen. Unter den Gütern überwiegen landwirtschaftliche Erzeugnisse, Baustoffe und Heizöl.

Tab. 4.4.1: **Gesamtumschlag**

	Gütereingang in t			Güterausgang in t		
Hafen	1993	1994	1995	1993	1994	1995
Steenodde (Amrum)	17.147	16.774	13.474	750	315	1.887
Wyk auf Föhr	189.666	172.058	159.059	22.549	25.162	32.148

Quellen: Amt für Land- und Wasserwirtschaft Husum; Statistisches Landesamt Schleswig-Holstein; Berechnungen des DIW.

Tab. 4.4.2: **Personenverkehr**

	Personeneingang			Personenausgang		
Hafen	1993	1994	1995	1993	1994	1995
Wyk auf Föhr	723.607	770.553	800.060	729.770	772.749	805.019

Quellen: Amt für Land- und Wasserwirtschaft Husum; Statistisches Landesamt Schleswig-Holstein; Berechnungen des DIW.

Tab. 4.4.3: **Krabbenfang**

	in t			in vH des Gesamtfangs		
Hafen	1993	1994	1995	1993	1994	1995
Wyk auf Föhr	101,0	113,0	79,0	2,52	2,56	2,37
nachrichtlich: Krabbengesamtfang (Westküste)	4.012,4	4.412,9	3.327,6	100,00	100,00	100,00

Quellen: Amt für Land- und Wasserwirtschaft Husum; Statistisches Landesamt Schleswig-Holstein; Berechnungen des DIW.

Über die Häfen werden auf Amrum rund 2 400 Einwohner und auf Föhr über 4 000 Einwohner versorgt.

---

33 Zahlen liegen z.Zt. nur bis 1995 vor. Quelle: Amt für Land- und Wasserwirtschaft Husum.

Die Zahl der Schiffsabfertigungen ist dabei in den Häfen über den betrachteten Zeitraum 1993 bis 1995 annähernd konstant, liegt jedoch in Steenodde deutlich unter dem im EPPD angegebenen Zielwert. In Steenodde werden jährlich rund 100 Schiffsabfertigungen gezählt. Wyk erricht ca. 30 000 Abfertigungen. Das Ziel des EPPD, als Erhalt der den Kapazitäten entsprechenden Abfertigungszahlen interpretiert, wird jedoch somit erfüllt.

Der Hafen Wyk wird stark vom Personenverkehr beansprucht, wie Tab. 4.4.2 zeigt. Dabei stiegen die Personenzahlen über den ganzen Zeitraum 1993 bis 1995. Steenodde ist dagegen ein reiner Frachtguthafen.

Im Rahmen der saisonbedingten Krabbenfischerei (vgl. Tab. 4.4.3) spielen der Hafen Wyk, an den Fangmengen in den Jahren 1993 bis 1995 gemessen, unter den Häfen der Westküste eine untergeordnete Rolle. Die Fangmengen sind insgesamt gesunken. Der Anteil von Wyk an der Gesamtfangmenge beträgt über den gesamten Zeitraum fast konstant rund 2,5 vH.

Die Inanspruchnahme der Häfen als Not- und Versorgungshafen war im betrachteten Zeitraum unterschiedlich. In Wyk, dem größten der betrachteten Häfen, wurden zwischen 4 200 und 4 800 Schiffe unterstützt. In Steenodde waren es jährlich rund 20 Schiffe. Ein Bedarf in konstanter Größenordnung in erster Linie für Fischereifahrzeuge und Sportboote scheint somit gegeben zu sein.

Mit diesen Indikatoren läßt sich zwar die regionale Bedeutung der Häfen für die Versorgung, nicht aber direkt die Bedeutung der geförderten Instandhaltungsmaßnahmen zeigen. Dies gilt einmal deswegen, weil die Baumaßnahmen ausnahmslos erst 1996 oder noch später zum Tragen kommen. Mit dem derzeitig vorliegenden Datenmaterial lassen sich noch keine Aussagen zu einer Inanspruchnahme der Häfen nach Abschluß der Baumaßnahmen treffen. Was sich jedoch sagen läßt, ist, daß bei einer Einstellung des Hafenbetriebs durch das Ausbleiben von dringend notwendigen Instandhaltungsmaßnahmen ernsthafte Folgen für die wirtschaftliche Entwicklung der Regionen eintreten würden. Es trifft gewissermaßen den Lebensnerv der betroffenen Inseln. Zu denken wäre dabei in erster Linie an die dann notwendige Abwanderung der Bevölkerung und an die Verschlechterung der Bedingungen für die Fischerei und den Küstenschutz. Die technische Notwendigkeit der getroffenen Maßnahmen wird hier nicht angezweifelt, allerdings sollte grundsätzlich über Alternativen der

Finanzierung solcher vorhersehbaren Bedarfe nachgedacht werden, da das Finanzvolumen des Programms von den Hafenprojekten stark in Anspruch genommen wird und nur eine Region davon profitiert.

Ausbau von Ausbildungseinrichtungen

Bei den Projekten in diesem Bereich handelt es sich um zwei Vorhaben, die die Modernisierung von überbetrieblichen Aus- und Fortbildungsstätten zum Ziel haben. Der Zeitraum der Regionalprogrammförderung ist für alle Projekte inzwischen abgeschlossen.

Sie hatten zum Ziel, die Ausbildungsbedingungen durch die Beseitigung des Raummangels und durch neue technische Ausrüstungen an moderne Anforderungen anzupassen und qualitativ zu verbessern. Den Referenzrahmen für die technische Ausstattung und das Raumprogramm setzt dabei die Anfang der 90er Jahre erfolgte Neuordnung der Handwerksberufe in den Bereichen Metall und Elektro sowie der Meisterprüfungsverordnungen im KfZ-Handwerk, in dem der Zeitanteil berufspraktischer Unterweisungen erhöht und sie in ihrer inhaltlichen Struktur verändert und modernisiert wurden. Zusätzliche Kapazitäten für 75 Ausbildungsplätze entstehen nur in Schleswig. Die erhaltenen Kapazitäten betragen in den geförderten Einrichtungen in Heide 300 Ausbildungsplätze und in Schleswig 180 zuzüglich den 75 neuen Ausbildungsplätzen. Daraus folgt, daß hier überwiegend Verbesserungen in der Qualität der Ausbildung zu erwarten sind, damit verbunden ist der Erhalt, aber kaum Neuschaffung von Arbeits- und Ausbildungsplätzen. Für eine Einschätzung, ob durch die Verbesserung der Ausbildungsbedingungen die Attraktivität speziell dieser geförderten Einrichtungen steigt, ist es noch zu früh, da gerade der erste Jahrgang unter den neuen Bedingungen mit der Ausbildung angefangen hat.

Sonstige Projekte

Zu dieser Gruppe gehört neben den zwei Kläranlagen und der Messehalle das Zentrum für Wattenmeermonitoring und -information in Tönning. Es hat die Aufgabe, Ergebnisse der ökologischen Umweltbeobachtung im Wattenmeer darzustellen und einer interessierten Öffentlichkeit direkt und aktuell zugänglich zu machen. Auf diese Weise soll Verständnis für Naturabläufe und die erforderlichen Schutzmaßnahmen geweckt werden. Das Zentrum hat neben der Erforschung des Wattenmeeres daher in erster Linie einen informations- und bildungspolitischen Auftrag. Es ist Teil einer Gesamtkonzeption des Bundesministeriums für Umwelt, Naturschutz und Reaktorsicherheit zum Schutz der Nordseeküste. Der Bund trägt auch rund die Hälfte der Investitionskosten. Der Bau hat jedoch gerade erst begonnen und wird erst in zwei Jahren abgeschlossen sein. Das Projekt paßt grundsätzlich in die Entwicklungsstrategie des Regionalprogramms und in die Tourismuskonzeption des Landes. Das Zentrum greift eine regionale Besonderheit auf und macht sie für die Entwicklung des Tourismus nutzbar. Wirkungen ergeben sich einerseits durch den direkten arbeitsplatzschaffenden Effekt und über Folgeeffekte durch die Anziehungskraft für Touristen. Eine Bewertung hinsichtlich der Wirkungen ist jedoch zum jetzigen Zeitpunkt noch nicht möglich.

Das CAT befindet sich seit Dezember 1995 im Bau. Kurzfristig sind während der Bauphase durchschnittlich schätzungsweise 30 Personen mit den Baumaßnahmen beschäftigt. Zur Zeit wird das Vermarktungskonzept entwickelt. Die Vermarktung des CAT beginnt im Jahre 1997. Erste Vermietungen im Neubau werden daher auch erst zum Ende 1997/Anfang 1998 erwartet. Ziel des Antragstellers ist die Nutzung von Räumlichkeiten der Technikerschule Meldorf (500 m²), die durch Rückgang der Schülerzahlen freigeworden sind. Dieser Altbau wird durch einen Neubau (rund 2 000 m²) ergänzt. Zielgruppe des CAT sind technologieorientierte kleine und mittlere Unternehmen und Existenzgründer. Dabei wird ein breitgefächertes Technologieprofil angestrebt: Elektrotechnik, Maschinenbau, Softwareproduktion. Existenzgründer werden dagegen aus allen produzierenden Bereichen und Dienstleistungen (außer Handel und haushaltsnahe Dienstleistungen) genommen. Nur bestehende, in der Aufbauphase befindliche Unternehmen müssen Berührungspunkte zur Technikerschule oder FHS aufweisen. Grundsätzlich besteht hier die Gefahr der "Degradierung" des CAT zum normalen Gründerzentrum, da die vorhandene Technikerschule als Meisterschule für KfZ-Elektronik und Fachschule für Industrieelektronik im Vergleich zu einer Fachhochschule ein geringeres technisches Niveau hat. Allerdings wäre dazu ein Urteil zum jetzigen Zeitpunkt verfrüht, da die Vermietung außer im Altbau noch nicht begonnen hat. Bisher haben sich im Altbau ein Unternehmen der Druckereibranche mit rund 7 Mitarbeitern und ein Unternehmen der Softwarebranche mit perspektivisch 4-5 Mitarbeitern eingemietet. Beide Unternehmen sind Existenzgründer. Damit sind ca. 5 vH der zukünftigen

Gesamtfläche (Alt- und Neubau zusammen) belegt. Ab Ende 1997 soll es einen hauptamtlichen Leiter des CAT und ein Sekretariat geben.

Technische Hilfe

Den Geschäftsstellen des Regionalprogramms kommt eine zentrale Funktion im Rahmen des Regionalprogramms zu: Sie sollen Impulse „von unten"aktivieren und fördern, also unternehmerische, private und kommunale Initiativen vor Ort aufgreifen. Sie sind das entscheidende Bindeglied und Qualifikationsorgan, um Impulse von unten zu regionalen Leitprojekten zu machen. Erfahrungen in der Regionalentwicklung ländlicher Regionen in Schleswig-Holstein zeigen, daß es auf kommunaler Ebene immer wieder an Akteuren zur qualifizierten Unterstützung und zur Entwicklung und Umsetzung regionaler Projekte fehlt[34]. Genau diese Funktion übernehmen die Geschäftsstellen in immer stärkerem Maße und ergänzen damit die teilweise unzureichenden Managementfähigkeiten und Handlungsmöglichkeiten der kommunalen Ebene. Zugleich bieten sie die Verknüpfung mit den Fachressorts auf Landesebene. Die Arbeit der Geschäftsstellen ist dabei insbesondere durch die Präzisierung der Fördergrundsätze vom 20. März 1995 qualitativ befördert worden, weil die Anforderungen an die regionalen Leitprojekte gewachsen sind. Erste Ansätze zur Ausarbeitung von regionalen Entwicklungskonzepten sind inzwischen vorhanden.

An diese Schlüsselstelle des Regionalprogramms greift auch die technische Hilfe an. Durch eine verbesserte Personalausstattung werden die regionalen Geschäftsstellen in die Lage versetzt, diese Aufgaben besser zu erfüllen.

Im Verfahren des Qualitätswettbewerbs bereiten die Geschäftsstellen die Entstehung der regionalen Prioritätenlisten vor. Einerseits läuft über sie die Beratung und Information von Projektträgern. Andererseits gibt es inzwischen regional etwas unterschiedlich ausgeprägte Herangehensweisen zur direkten Akquisition von neuen Projekten. Einige potentielle Projektträger (überwiegend Kommunen) werden von den Mitarbeitern schriftlich oder mündlich über die Förderung informiert und zur Einreichung von Projekten aufgefordert.

Die aktive Tätigkeit der Geschäftsstellen hat dazu beigetragen, daß einige Projekte des Regionalprogramms überhaupt zustandekamen (wie etwa das CAT

---

[34] Hahne/Maier (1993), Hahne (1995).

Meldorf) oder bestimmte Projekte deutlich vorangebracht werden konnten. Hieran zeigt sich, daß das Regionalprogramm mit seinem Management und Marketing vor Ort tatsächlich Ansätze für neue Strukturen in den Regionen hervorbringen kann. Alle Geschäftsstellen arbeiten nach eigener Aussage eng mit den jeweiligen Wirtschaftsförderungsgesellschaften der Regionen zusammen. Durch die Nähe werden gegenseitig neue Informationspotentiale erschlossen und die Organisations- und Informationseffizienz erhöht. Die dezentrale Verankerung der Geschäftsstellen führt zu stärkerer Regionsnähe, als dies den Landesbehörden selbst möglich wäre.

Die Zusammenführung verschiedener Kreise in den Programmregionen hat nach übereinstimmender Aussage aller Geschäftsführer der Geschäftsstellen zu einer Intensivierung der Kommunikation innerhalb der Programmregionen geführt. Insbesondere das Verständnis für die strukturellen Probleme und Entwicklungsmöglichkeiten des jeweilig anderen Regionsteils ist erheblich gewachsen. Insofern hat der Informationsaustausch zu einem erweiterten Regionalverständnis in den Programmregionen geführt. Dies gilt insbesondere für die Region Westküste, deren Kreise in anderen Zusammenhängen nicht gemeinsam auftreten.

4.4.4 Programmwirkungen

Durch die Vielfalt der Projekte lassen sich die unterschiedlichen Wirkungsketten an dieser Stelle schwer additiv zusammenfassen. Die indirekten Effekte der Projekte durch Vorleistungs- oder Lieferverflechtungen oder Folgewirkungen sind überwiegend nicht quantifizierbar. Die möglichen Wirkungsbereiche wurden im vorangegangenen Abschnitt projektspezifisch qualitativ dargestellt. Aggregierbar über die vielen verschiedenen Projekttypen und einzelnen Vorhaben sind lediglich die Beschäftigungswirkungen in der Erstellungs- und Leistungsabgabephase.

Von fast allen Infrastrukturprojekten gehen zunächst während der Bauphase kurzfristige Impulse auf das lokale Baugewerbe aus. Unterstellt man, ausgehend von den Fallstudien- und Befragungsergebnissen, pro Vorhaben[35] eine durch-

---

[35] Im Regionalprogramm wurden mit EFRE-Unterstützung 26 Projekte mit Baumaßnahmen gefördert.

schnittliche Dauer der Bauphase von 6 Monaten und eine durchschnittliche Beschäftigung von 20 Personen, dann ergibt sich ein Bauvolumen von rund 3 200 Personenmonaten. Das entspricht einem Jahresarbeitsvolumen von 50 Baufirmen mit jeweils 5 Beschäftigten.

Die Gewerbegebietserschließungen haben den größten Anteil an den direkten Beschäftigungswirkungen (vgl. Tab. 4.4.4). Über die Projekte hochgerechnet, ergibt sich hier aus den bisher erfolgten und in 1997 zu erwartenden Unternehmensansiedlungen ein Beschäftigungseffekt von rund 440 Arbeitsplätzen. Da es sich jedoch zum weit überwiegenden Teil um Verlagerungen von Unternehmen innerhalb der Förderregionen handeln wird, sind es zu schätzungsweise 90 vH erhaltene Arbeitsplätze. Lediglich 10 vH (40 Arbeitsplätze) dürften durch Neugründungen oder Expansionen von bestehenden Unternehmen tatsächlich neu entstanden sein. Die Beschäftigungseffekte für Frauen lassen sich schwer abschätzen. Die Belegungsstruktur zeigt, daß es sich um überwiegend baunahe Zweige handelt, und da in diesen Bereichen nur sehr wenig Frauen beschäftigt sind, dürften maximal 12 vH der Arbeitsplätze[36] Frauenarbeitsplätze (etwas mehr als 50 Arbeitsplätze) sein. Die geförderten 55 ha Gewerbeflächen bieten, legt man eine Durchschnittsgröße von 300 m² Grundstücksfläche pro Arbeitsplatz zugrunde, insgesamt ein langfristiges Ansiedlungspotential von 1 800 Arbeitsplätzen bei Vollauslastung der Flächen. Effekte auf die Qualifikation der Beschäftigten dürften von dieser Gruppe von Projekten - von Einzelfällen abgesehen - kaum ausgehen.

Vom, in den Projektunterlagen als solches ausgewiesenen, Leitprojekt „CAT" ausgehend, ergeben sich bisher kurzfristig 9 Arbeitsplätze, die als sicher erreicht anzusehen sind, davon wurden 7 Arbeitsplätze gesichert und 2 neu geschaffen. Davon sind 2 für Frauen. Perspektivisch bietet das CAT in Meldorf Platz für rund 30 Unternehmen, die schätzungsweise 70 Arbeitsplätze schaffen können. Hier sollte es sich überwiegend um Existenzgründer oder expandierende Unternehmen handeln. Da die Geschlechtsstruktur der Arbeitsplätze in hohem Maße von der Branche der Unternehmen abhängt, kann der zukünftige

---

[36] Im Baugewerbe in Schleswig-Holstein sind nach Angaben der Bundesanstalt für Arbeit 11,3 vH der Beschäftigten dieses Zweiges weiblich, im Stahl- und Leichtmetallbau sind es 15 vH.

Anteil der Frauenarbeitsplätze zum jetzigen Zeitpunkt nicht abgeschätzt werden. Beim CAT sind Wirkungen auf die Qualifizierung lediglich mittelbar zu erwarten, wenn sich tatsächlich technologieorientierte Unternehmen ansiedeln und die Angebote der Technikerschule oder FHS auch nutzen.

Die Projekte im Bereich der Ausbildungsinfrastruktur dienten überwiegend dem Erhalt der vorhandenen Kapazitäten an Ausbildungsplätzen und ihrer Wettbewerbsfähigkeit sowie den damit verbundenen Arbeitsplätzen. Es sind insgesamt 555 Ausbildungsplätze. Damit wurde die Vorgabe des EPPD, je Vorhaben 120 Werkstatt- bzw. Unterrichtsplätze zu erhalten (über-)erfüllt. Alle diese im Regionalprogramm geförderten Projekte zielen unmittelbar auf die Verbesserung der Qualifikationen in der Region.

Durch die Projekte im Fremdenverkehrsbereich wurden direkt insgesamt rund 80 Arbeitsplätze, überwiegend für Frauen, in den betroffenen Einrichtungen erhalten. Eine Erhöhung der Beschäftigtenzahlen wird dagegen proportional zum Umfang der Investitionen nur marginal ausfallen. Auch Qualifikationseffekte sind nicht sichtbar.

Bei den Hafenprojekten sind ebenfalls kein Zuwachs an Beschäftigung zu erwarten, da die Instandhaltungsarbeiten den Hafenbetrieb nicht ausweiten, sondern erhalten sollen. Rund 8 Arbeitsplätze werden im direkten Hafenbetrieb durch die Investitionen erhalten. Bezieht man in die Betrachtung jedoch ein, daß alle Erwerbstätigen der betroffenen Inseln auf die eine oder andere Weise von der Aufrechterhaltung des Hafenbetriebs abhängig sind, dann wären von den geförderten Häfen rund 2 500 Arbeitsplätze abhängig.

Für das Gesamtprogramm errechnet sich somit ein direkter Beschäftigungseffekt von rund 500 erhaltenen Arbeitsplätzen und 40 neugeschaffenen Arbeitsplätzen (vgl. Tab. 4.4.4). Von diesen Arbeitsplätzen werden schätzungsweise 100 für Frauen sein, vor allem im Tourismusbereich. Durch die Projekte werden außerdem indirekt rund 4 000 Arbeitsplätze erhalten oder geschaffen. Die Anzahl der Frauenarbeitsplätze hängt hier von der Branchenstruktur der angesiedelten Unternehmen ab.

Tab. 4.4.4: **Beschäftigungseffekte der EFRE-Förderung 1994 - 1996**

Projekte	Anzahl der Projekte	Investitions-volumen (Mill. DM)	Befristete AP-Effekte der Bauphase (Personen-monate)	Direkte AP-Effekte[1]			Indirekte AP-Effekte[1]		Ausstrahlungs-effekte[2]
				Erhalt	Neu-schaffung	darunter für Frauen	Erhalt	Neu-schaffung	
				(Anzahl)					
Gewerbegebiete u. -zentren	14	15,105	1560	400	40	54	1220	135	+
Tourismus	3	11,814	360	80	0	50	∗	∗	++
Häfen	2	11,650	240	8	0	0	2500	∗	O
Ausbildungsinfrastruktur	2	9,265	240	20	0	10	∗	∗	++
Sonstige Projekte	5	66,676	760	nicht abschätzbar					+
Unterprogramm II insgesamt (ohne Technische Hilfe)	**26**	**114,51**	**3160**	**508**	**40**	**114**	**3720**	**135**	++

∗ = nicht quantifizierbar.

1) Teilweise geschätzt.- 2) Gesamtpotential an Ausstrahlungseffekten im Vergleich der Projekttypen. O = geringe Ausstrahlungseffekte; + = mittlere Ausstrahlungseffekte; ++ = hohe Ausstrahlungseffekte.

Quellen: Angaben des Ministeriums für Wirtschaft, Technologie und Verkehr Schleswig-Holstein und der Projektträger; Schätzungen des DIW.

Mit diesen Beschäftigungszahlen werden jedoch die potentiellen Beschäftigungswirkungen der geförderten Infrastrukturprojekte über Ausstrahlungseffekte unterzeichnet. Die Ausstrahlungswirkungen von Infrastrukturprojekten sind grundsätzlich höher als ihre direkten Arbeitsplatzeffekte, allerdings weisen die einzelnen Projekttypen hinsichtlich ihrer Stärke Unterschiede auf. Vergleichsweise höhere Ausstrahlungseffekte als bei anderen Projekttypen sind von Investitionen im Bereich der Ausbildungsinfrastruktur und im Fremdenverkehrsbereich zu erwarten (vgl. Tab. 4.4.4).

Qualifizierungseffekte sind allerdings nur bei den direkten Investitionen in der Aus- und Weiterbildungsinfrastruktur zu erwarten. Alle anderen Projekttypen sind für eine Verbesserung der Qualifikationen des Erwerbspersonenpotentials - von Einzelfällen abgesehen - nicht geeignet[37].

4.4.5 Effizienzanalyse

Im Rahmen der Effizienzkontrolle werden die erreichten Effekte der Förderung, d.h. hier in erster Linie die Beschäftigungseffekte, den aufgewendeten Mittelvolumina gegenübergestellt. Dabei wird die Aussagekraft einer Effizienzanalyse von verschiedenen Faktoren beeinflußt. Zunächst ist der Erfassungsgrad der Effekte unterschiedlich. Außerdem differieren die Kapitalintensitäten der Projekte. Neubauvorhaben sind in der Regel kapitalaufwendiger als Modernisierungen. Die Förderung von überbetrieblichen Ausbildungsstätten ist nicht mit den Kosten für die Sanierung einer Spundwand in einem Hafen vergleichbar. Sinnvoll wäre ein Vergleich mit gleichen Projekttypen in Regionalförderprogrammen anderer Regionen. Vergleichsmaßstäbe fehlen jedoch für die meisten Typen. Eine Effizienzanalyse ist hier wegen dieser Inhomogenität der Projekttypen und der teilweisen „Einzigartigkeit“ der Projekte selbst nur als Vergleich innerhalb des Unterprogramms möglich. Das EPPD enthält im betrachteten Unterprogramm II keine Einheitskosten in Bezug auf die Wirkungen der Förderung, lediglich Durchschnittsgrößen des Investitionsvolumens pro Projekt. Dies ist kein Effizienzindikator, der die Wirkungen des Programms den eingesetzten Finanzmitteln gegenüberstellt, sondern gehört vielmehr in die Vollzugskontrolle, daher wurden diese Indikatoren bereits an entsprechender Stelle betrachtet.

---

[37] Unbestritten ist jedoch, daß schon die Aufnahme einer Arbeit durch einen vorher Arbeitslosen auch eine Qualifizierung darstellt und vorhandene Qualifikationen erhalten werden.

Legt man die oben ermittelten Beschäftigungseffekte des gesamten Programms in Höhe von rund 548 direkt neu geschaffenen oder erhaltenen Arbeitsplätzen und ein indirektes Arbeitsplatzpotential von rund 3 800 Arbeitsplätzen zugrunde, dann errechnet sich ein Wert von rund 8 200 DM EFRE-Mittel pro Arbeitsplatz (vgl. Tab. 4.4.5). Betrachtet man nur den direkten Beschäftigungseffekt, d.h. die unmittelbar erhaltenen oder neuen Arbeitsplätze, dann ergibt sich eine Relation von rund 66 200 DM pro Arbeitsplatz.

Die mit Abstand förderintensivsten und teuersten Arbeitsplätze mit 580 000 DM pro Arbeitsplatz sind die in den geförderten Hafeneinrichtungen. Diese Investitionen sichern nur eine sehr geringe Anzahl von Arbeitsplätzen im unmittelbaren Hafenbetrieb. Bezieht man in diese Betrachtung jedoch ein, daß alle Erwerbstätigen der betroffenen Inseln auf die eine oder andere Weise von der Aufrechterhaltung des Hafenbetriebs abhängig sind, sei es durch die Lieferung von Vorprodukten, den Versand der Erzeugnisse oder durch das Pendeln auf das Festland per Schiff, dann sieht das Bild ganz anders aus. Bezieht man dann die eingesetzten EFRE-Mittel auf diese Beschäftigten, dann entfallen nur 1 800 DM Regionalfondsmittel auf jeden Arbeitsplatz.

Relativ teuer sind auch die Arbeitsplätze im Bereich der Bildungsinfrastruktur: 184 200 DM EFRE-Fördermittel pro Arbeitsplatz. Hier ist es jedoch sinnvoll, den Förderbetrag bei den Investitionen in überbetriebliche Ausbildungsstätten auf die erhaltenen Ausbildungsplätze zu beziehen, da diese Wirkung im Mittelpunkt des mit dem Projekt verfolgten Zieles steht. Die Werte erreichen hier knapp 8 400 DM pro Ausbildungsplatz beim Ausbau in Schleswig bis zu 5 200 DM bei der Modernisierung in Heide.

Die am wenigsten förderintensiven und damit billigsten Arbeitsplätze sind in den Bereichen Fremdenverkehr und Gewerbegebietserschließungen zu finden. Die jeweiligen Werte betragen im Tourismusbereich 59 000 DM und bei den Erschließungen 13 700 DM. Bezieht man das langfristige Potential für Unternehmensansiedlungen auf den geförderten Flächen mit ein, dann reduziert sich der Wert bei den Erschließungsmaßnahmen auf 8 400 DM pro Arbeitsplatz.

Tab. 4.4.5: **Effizienzanalyse EFRE-Projekte**

	Bewilligte EFRE-Mittel (DM)	Investitionen (DM)	Anzahl Projekte	Direkte Arbeitsplatz-effekte[1)]	Investitionen pro direktem Ar-beitsplatz (DM)	EFRE-Mittel pro direktem Ar-beitsplatz (DM)
Gewerbegebiete und -zentren	6.042.280	151.105.700	14	440	34.331	13.732
Tourismus	4.725.860	11.814.650	3	80	147.683	59.073
Häfen	4.660.000	11.650.000	2	8	1.456.250	582.500
Aus- und Weiterbildung	3.684.000	9.264.976	2	20	463.249	184.200
Sonstige Projekte	17.175.425	66.675.560	5	*	*	*
Insgesamt (ohne Technische Hilfe)	**36.287.565**	**114.510.886**	**26**	**548**	**208.961**	**66.218**

* = nicht quantifizierbar.
1) Teilweise geschätzt.
Quellen: Ministerium für Wirtschaft, Technologie und Verkehr des Landes Schleswig-Holstein; Berechnungen des DIW.

4.5 Zusammenfassung und Empfehlungen

Die Ausgestaltung des Programms setzt mit seiner konsequenten Orientierung auf wirtschaftsnahe Infrastruktur an grundlegenden Schwächen der ländlichen Räume in Schleswig-Holstein an. Diese Ausrichtung wird durch wissenschaftliche Erkenntnisse zu den Ursachen regionaler Unterschiede in der wirtschaftlichen Leistungsfähigkeit empirisch gestützt. Dies gilt besonders für den Kernbereich wirtschaftsnaher Infrastruktur, aber auch für ergänzende Infrastrukturmaßnahmen im Grenzbereich zur haushaltsorientierter Infrastruktur (Bildungs- und Kultureinrichtungen etc.), denen eine regionale Spezialisierungsfunktion zukommt. Der Mix der geförderten Infrastrukturprojekte ist jedoch nur von der Ausgangssituation in den Förderregionen und den regionalen Entwicklungszielen ableitbar. Die EFRE-Förderung im Rahmen des Regionalprogramms ordnet sich zudem gut in andere fachpolitische Konzeptionen des Landes (z.B. Fremdenverkehr) ein.

Schleswig-Holstein hat mit dem Regionalprogramm völlig neue Wege in der Regionalpolitik in Deutschland eingeschlagen. Für den Qualitätswettbewerb der Projekte gibt es sowohl auf nationaler als auch auf internationaler Ebene kaum Vorbilder. Besonders hervorzuheben ist der partizipative Charakter des Verfahrens mit der verstärkten Einbindung der regionalen Ebene und der lokalen Wirtschafts- und Sozialpartner. Das bisherige Verfahren kann jedoch noch verbessert werden. Die Vorschläge betreffen in erster Linie die Verbesserung der Informationsgrundlagen der beteiligten Akteure und die transparentere Ableitung der Projektauswahl aus dem komplexen Zielkatalog des Programms.

Insgesamt wurde eine hohe Bewilligung und Auszahlung erreicht. Dies spricht für eine gute Akzeptanz des Programms durch die Projektträger. Ein deutlicher Schwerpunkt wird, gemessen an der Anzahl der Projekte, im Bereich der Gewerbegebietserschließungen, dem Kernbereich der wirtschaftsnahen Infrastruktur, gesetzt. Die innere Struktur des EFRE-Unterprogramms ist gegenüber den ursprünglichen Planungen im Programmplanungsdokument zugunsten der sonstigen Projekte völlig verschoben, da dort ein ausgewogeneres Verhältnis der Projekttypen zueinander angestrebt wird. Dafür wurden vergleichsweise (zu) wenig Projekte im Tourismusbereich gefördert, wohingegen die Projekte in der Ausbildungsinfrastruktur den Vorstellungen des Unterprogramms entsprechen. Es empfiehlt sich daher, den Tourismusvorhaben mehr Spielraum in der Förderung zu gewähren und/oder EFRE-Mittel entsprechend umzuschichten.

Bei der Beurteilung der Effekte der Förderung steht die Beschäftigungs- und Qualifizierungswirkung, darunter auch für Frauen, im Mittelpunkt. Hier bringen die Projekte der Gewerbegebietserschließungen und im Tourismusbereich die größten Beschäftigungseffekte. Dies gilt sowohl für die unmittelbaren kurzfristigen Arbeitsplatzeffekte, als auch auf längerfristige Sicht hinsichtlich der Potentiale für Unternehmensansiedlungen. Der Anteil der Frauenarbeitsplätze ist dabei, über alle Projekte betrachtet, mit rund einem Fünftel sehr gering. Projekte im Tourismusbereich bringen dabei überdurchschnittlich viele Arbeitsplätze für Frauen. Dies spricht ebenfalls für einen größeren Stellenwert solcher Projekte innerhalb der Förderung.

Von den meisten bisher geförderten Projekten sind keine expliziten Qualifizierungswirkungen zu erwarten. Lediglich die Projekte direkt zum Um- oder Ausbau von Ausbildungseinrichtungen tragen zur Verbesserung der Qualifikationen des Erwerbspersonenpotentials bei. Sieht man einmal davon ab, daß jeder erhaltene Arbeitsplatz auch zum Erhalt der jeweilig erforderlichen Qualifikation beiträgt, sind bspw. Gewerbegebietserschließungen und Instandhaltungsarbeiten in Häfen zur Verbesserung der Qualifikationen ungeeignet.

Hinsichtlich der Effizienz des Programms war lediglich ein Vergleich der Kosten innerhalb des Regionalprogramms zwischen den Projekttypen möglich, da das Unterprogramm einerseits keine Vorgaben für Einheitskosten enthält und aufgrund der Einzigartigkeit der geförderten Projekte keine Vergleichsmaßstäbe existieren können. Dabei ist davon auszugehen, daß die Projekte so gestaltet und geplant worden sind, daß der Grundsatz der sparsamen Verwendung der Haushaltsmittel eingehalten wird.

Mit Abstand am teuersten, bezogen auf die direkten Arbeitsplatzeffekte, erscheinen zunächst die Hafenprojekte. Mit der Aufnahme solcher Projekte in die Förderung wird viel Geld in wenige Projekte mit wenig direkter Beschäftigungswirkung gesteckt und damit der Qualitätswettbewerb präjudiziert, zumal die "Lebensnotwendigkeit" dieser Projekte für Teile der Region unbestritten ist und diese Vorhaben sich auch noch in einer Region konzentrieren. Relativ teuer mit Bezug auf die direkten Beschäftigungseffekte sind auch die Projekte im Bereich der Bildungsinfrastruktur, allerdings nicht mit bezug auf die Ausbildungsplätze. Günstig hinsichtlich der Kosten pro Arbeitsplatz schneiden die Gewerbegebietserschließungen und die Fremdenverkehrsprojekte ab.

Für die Programmsteuerung ergeben sich daher zusammengefaßt folgende Empfehlungen: Mehr Spielraum sollte den Fremdenverkehrsprojekten eingeräumt werden. Nimmt man die Zielstellung des Regionalprogramms ernst, daß den Qualifizierungswirkungen der Projekte mindestens gleichberechtigte Bedeutung wie den Arbeitsplatzeffekten zukommt, dann sollte bei der Auswahl mehr Augenmerk auf diese Seite der Auswirkungen der Förderung gelegt werden. Dies gilt genauso für die Beschäftigungswirkung der geförderten Projekte für Frauen.

5 Unterprogramm III: Entwicklung menschlicher Ressourcen

5.1 Einordnung in die Arbeitsmarktpolitik des Landes

Das Unterprogramm III (ESF) "Entwicklung menschlicher Ressourcen" ist wie auch die ESF-Förderung in anderen Strukturfondsprogrammen zum größten Teil in das Arbeitsförderungsgesetz (AFG) und das Bundessozialhilfegesetz (BSHG) eingebunden. Demnach erfolgt auch die Kofinanzierung der einzelnen Projekte in der Regel aus Mitteln des Bundes, des Landes und der Kommunen. Im "Fördersteckbrief Ziel-5b" wurden die Grundlagen der ESF-Förderung öffentlichkeitswirksam und informativ niedergelegt. Maßgebend sind die Regelungen im AFG § 91ff (ABM), AFG § 242s (Lohnkostenzuschüsse -West-) und BSHG §19 (Hilfe zur Arbeit). Durch den Rückgriff auf diese Finanzierungsregelungen wird eine hohe Kohärenz zur Arbeitsmarktpolitik auf Bundes- und Landesebene sowie kommunaler Ebene gewährleistet. Die Arbeitsmarktpolitik im Rahmen von Ziel-5b förderte das Bewußtsein für Arbeitsmarktprobleme in ländlichen Regionen und half damit, neue arbeitsmarktpolitische Schwerpunkte in den ländlichen Problemregionen des Landes Schleswig-Holstein zu setzen.

5.2 Diskussion der Indikatoren

5.2.1 Darstellung vorliegender Indikatoren aus den Jahresberichten und dem EPPD

Ausgangsbasis für die weitere Betrachtung des Unterprogramms ist die Darstellung vorliegender Indikatoren auf Maßnahmenebene. Dabei wird unterschieden, ob für die Indikatoren Wertangaben und quantifizierte Zielsetzungen in den Jahresberichten und im EPPD vorliegen. Weiterhin wird eine Einstufung in die Kategorien Vollzugs-, Ergebnis- und Wirkungsindikatoren vorgenommen, um die Indikatoren im weiteren insgesamt beurteilen zu können (zur Einstufung vgl. Kapitel 3.2).

Hinsichtlich des Vorliegens von Indikatorenkategorien weist das ESF-Unterprogramm mehr Ergebnisindikatoren als beispielsweise das Unterprogramm I (EAGFL) auf, die in der Lage sind, die Reaktion auf das Angebot der Förderung zu messen. (vgl. Tabelle 5.1).

Tabelle 5.1: Indikatoren auf Maßnahmenebene des ESF-Unterprogramms mit vorliegenden Angaben

Maß-nahme	Indikator	Wert-angabe	Ziel-angabe	Art des Indikators*
III/1.1	• Anzahl der bewilligten Qualifizierungsprojekte	☑	☐	V
	• Beschäftigungsaufnahme	☑	☐	E
	• Eintritte in die Maßnahme	☑	☑	E
	• Anzahl der Personen	☑	☑	E
	• Abbrüche	☑	☐	E
III/1.2	• Anzahl der Personen	☑	☑	E
	• Beschäftigungsaufnahme	☑	☐	E
	• Eintritte in die Maßnahme	☑	☑	E
	• Abbrüche	☑	☐	E
	• Anzahl der bewilligten Qualifizierungsmaßnahmen	☑	☐	V
III/1.3	• Anzahl der Personen	☑	☑	E
	• Anzahl der bewilligten Projekte	☑	☐	V
	• Anzahl der Eintritte	☑	☑	E
III/1.4	• Anzahl der Personen	☐	☑	E
III/1.5	• Anzahl der Personen	☐	☑	E
III/1.6	• Anzahl der bewilligten Weiterbildungsmaßnahmen	☑	☐	V
III/1.7	• Anzahl der Personen	☑	☑	E
	• Anzahl der Projekte	☑	☐	V
III/1.8	• Anzahl der Personen	☐	☑	E
	• Anzahl der Projekte	☑	☐	V

* V: Vollzugsindikator, E: Ergebnisindikator

Quelle:Jahresbericht 1995, Angaben des MA, Kiel

Neben der Anzahl der Projekte bzw. Maßnahmen wird fast für jede Maßnahme zumindest ein Ergebnisindikator erfaßt. Wirkungsindikatoren sind darüber hinaus bisher nicht erfaßt worden und sind im EPPD auch nicht als quantitative Zielgrößen angegeben.

Zusätzlich ist bei entsprechend vorliegenden Informationen die Erfassung weiterer Indikatoren vorgesehen, die auch Hinweise auf die Wirksamkeit der jeweiligen Maßnahme zulassen. Obwohl einige Projekte der Maßnahmen III/1.1 bis III/1.3 mit insgesamt 130 Teilnehmern seit mindestens sieben Monaten abgeschlossen waren, standen diese weitergehenden Informationen nicht zur Verfügung. Fragen des Datenschutzes sind bei der Erhebung dieser Daten bisher noch nicht ausreichend geklärt worden.

Darüber hinaus wurde von Seiten der mit der Abwicklung der ESF-Mittel im 5b-Programm beauftragten Einrichtung der erhebliche personelle und finanzielle Aufwand für die Verbleibsanalyse nach Abschluß der Projekte durch die Projektträger genannt. Die in einem Beispiel genannte Rücklaufquote von 10% macht deutlich, daß in diesem Bereich noch besondere Anstrengungen für die Darstellung des Erfolges der Maßnahme notwendig sind.

Zur Berichterstattung über Qualifizierungsprojekte ist das in Abbildung 5.1 dargestellte Indikatorenschema vorgesehen, das im Hinblick auf Wirkungsindikatoren für das Jahr 1995 jedoch noch keine Ergebnisse aufweist. Sollte es tatsächlich gelingen, diese Wirkungsindikatoren zu erfassen, steht einer aussagefähigen Verbleibsanalyse in den folgenden Jahren sicher nichts entgegen.

Abbildung 5.1: Indikatorenschema für Maßnahmen des Unterprogramms III (ESF)

Für alle Maßnahmen:		
Anzahl der bewilligten Projekte (gesamt)		
davon:	< 20 Teilnehmer	
	21-100 Teilnehmer	
	> 100 Teilnehmer	
	Projekte mit integriertem Praktikum	
	Projekte mit Kammerabschluß	
	Projekte im Trägerverbund	
Zusätzlich für Qualifizierungsmaßnahmen:		
A)	Eintritte in Maßnahmen (inkl. verbliebene Teilnehmer aus Vorjahr)	
B)	Beendigung der Maßnahme gesamt	
	davon durch:	a) Abbruch
		b) Beschäftigungsaufnahme
		c) regulären Abschluß
	davon (c) Verbleib in:	a) Beschäftigung (nach 6 Monaten)
		b) Arbeitslosigkeit (nach 6 Monaten)
		c) Eintritt in andere Qualifizierung
		d) Sonstige
C)	Verbleib in Maßnahmen des Folgejahres	

Quelle: Angaben des Ministeriums für Arbeit des Landes Schleswig-Holstein. Angaben gemäß diesem Schema liegen bis jetzt nur zum 31.12.1995 vor.

5.2.2 Beurteilung der Aussagefähigkeit der Indikatoren

Die Beurteilung der Aussagefähigkeit der im Laufe der Begleitung des Programms erfaßten Indikatoren soll wie im Unterprogramm I (EAGFL) anhand folgender Kriterien vorgenommen werden (vgl. Kapitel 3.2):

- Konsistenz zwischen Maßnahmen- und Projektebene;
- Normativität der Indikatoren;
- Relevanz der Indikatoren für die jeweiligen Ziele;
- Aktualität der Indikatoren;
- tatsächliche Nutzung für die Steuerung der Aktivitäten.

Die Konsistenz der Daten zwischen Maßnahme und jeweiligen Projekten ist nach vorliegenden Erkenntnissen nicht in allen Fällen gegeben. Bis zum 31.12.1995 wurden beispielsweise in der Maßnahme III/1.1 19 Projekte mit einer Teilnehmerzahl von 339 Personen laut Projektstatistik bewilligt und begonnen. Für die Berichterstattung im ersten Jahresbericht wurden für 14 bewilligte Projekte 203 Teilnehmer ausgewiesen.

Bei der Maßnahme III/1.2 fällt die Abweichung dagegen geringer aus. Auch bei anderen Maßnahmen sind Abweichungen zwischen Projektstatistik und Berichterstattung vorzufinden, so daß man nicht von einer generellen Konsistenz zwischen Maßnahmen- und Projektebene ausgehen kann. Die bisher praktizierte Berichterstattung, die auch einem zuverlässigen Nachweis des Erfolges dienen kann und soll, sollte überprüft werden.

Betrachtet man die Möglichkeiten einer Gegenüberstellung von aktuellen Indikatorwerten und Zielwerten des EPPD, so ist dies nur in den Maßnahmen III/1.6 und III/1.8 nicht möglich. Angesichts der geringen finanziellen Bedeutung dieser Maßnahmen kann man die Normativität des Berichtssystems für die Maßnahmen des Unterprogramms im großen und ganzen als gegeben ansehen.

Werden die in Abbildung 5.1 dargestellten Indikatoren in der vorgesehenen Weise erfaßt, kann die Erreichung der aufgestellten Ziele mit den Indikatoren in Zukunft überprüft werden. Eine detaillierte Darstellung der von der Förderung erreichten Personenkreise wäre besonders für die Beratungs- und Orientierungsmaßnahmen (III/1.6 - 1.8) für die Darstellung des Erfolges der Projekte von großer Bedeutung.

Die aktuelle Verfügbarkeit der Indikatoren wird aufgrund im Zuge der Zwischenbewertung gemachten Erfahrungen als gering eingeschätzt. Zusammenstellungen für den Begleitausschuß werden erst zum April für das Vorjahr erstellt. Sondererfassungen für die jetzige Zwischenbewertung waren nach Aussagen des Ministeriums nicht möglich. Das allgemeine Umfeld der ESF Berichterstattung – also auch für andere Programme – und damit die Belastung der Einrichtungen mit Berichtspflichten konnte dabei nicht in die Beurteilung einbezogen werden. Eine frühzeitige Einigung zwischen Begleitausschuß und Europäischer Kommission über die Bereitstellung von Daten zu einem bestimmten Zeitpunkt zum Zwecke der Evaluierung wäre insbesondere für den Evaluierer sehr hilfreich. Mißverständnisse zwischen Landes- und Kommissionsdienststellen könnten so vermieden werden.

Nach Einschätzung des Evaluierers gibt es sicherlich noch Zeit- und Informationsreserven, die mögliche Umschichtungen innerhalb des Programms auf eine rationale Basis stellen könnten, denn die Indikatoren wurden für die Beurteilung der im ESF-Unterprogramm vollzogenen Umschichtung offensichtlich nicht herangezogen (vgl. Kapitel 6). Zwar wurden finanzielle Mittel aus Maßnahmen abgezogen, bei denen keine Nachfrage für das Förderangebot bestand, für die Aufstockung anderer Maßnahmen hätte man jedoch weitere Informationen aus dem Begleitsystem heranziehen sollen.

Trotz der unterschiedlichen Maßnahmen im Unterprogramm Entwicklung menschlicher Ressourcen ist eine Aggregation der Indikatorwerte auf Unterprogrammebene möglich und auch vorgesehen. Eine weitere Unterteilung des Unterprogramms in die Kategorien Qualifizierungsmaßnahmen und Beratungs- und Orientierungsmaßnahmen wäre für eine Aggregation sehr anschaulich.

5.2.3 Vorschläge zur Weiterentwicklung von Indikatoren und Indikatorensystem

Im Unterprogramm des ESF liegt ein hoher Anteil an Ergebnisindikatoren vor, so daß neue Empfehlungen bezüglich der Indikatoren in der Regel nicht in dem Maße notwendig erscheinen. Qualifizierungsprojekte sehen außerdem auch die Erfassung von Wirkungsindikatoren vor, wie z. B. den Verbleib der Teilnehmer sechs Monate nach Projektabschluß. Aufgrund des Programmstandes konnten laut Aussage der vom Land beauftragten Einrichtung noch keine weiteren Informationen zur Verfügung gestellt werden. Hier sind im Verlauf des Programms noch weitere Angaben zu erwarten. Im Bereich der Beratungs- und Orientierungsmaßnahmen des Unterprogramms ESF (Maßnahmen III/1.6 - III/1.8), die allerdings nur einen kleineren Teil der ESF Mittel einnehmen, werden außer der Anzahl der Projekte und Personen keine weitergehenden Informationen erfaßt. Gespräche mit Projektträgern vor Ort ergaben zumindest für die Maßnahme III/1.7 (Berufsbezogene Mädchenarbeit im ländlichen Raum) Möglichkeiten einer verbesserten Ergebniserfassung (vgl. Kapitel 5.5). Zur besseren Abbildung und Kontrolle über die Erreichung der gewünschten Zielgruppe sind die Erfassung der Zahl der beratenen Personen differenziert nach Schulabschluß, nach Gründen für den Beratungsbedarf und nach dem spezifischen Informationsbedarf der jeweiligen Person möglich. Auch die Möglichkeiten einer weitergehenden Analyse der Situation bzw. des Verbleibs der Ratsuchenden sollte, auch wenn der Rücklauf oft gering ist, ernsthaft geprüft werden. Das bereits erwähnte Modellprojekt "Berufsbezogene Mädchenarbeit im ländlichen Raum" bestätigt die prinzipiell bessere Dokumentationsmöglichkeit (vgl. Kapitel 5.5).

5.3 Vollzugskontrolle und Zielerreichung

5.3.1 Vollzugskontrolle

Die im Vergleich zur ursprünglichen Programmplanung geänderten Planungen, die Bewilligungen und Auszahlungen sind Tabelle 5.2 zu entnehmen. Diese Zahlen geben einen ersten Überblick über den Realisierungsstand des Unterprogramms III (ESF) des schleswig-holsteinischen Ziel-5b-Programms.

Tabelle 5.2: Bewilligungs- und Auszahlungsstand der öffentlichen Mittel (Stand 31.12.1996)

Maß-nahme*	Öffentliche Mittel						
	Ansätze EPPD MECU (1)	Durchführung					
		geplant		bewilligt		ausgezahlt	
		MECU (2)	% v. (1) (3)	MECU (4)	% v. (2) (5)	MECU (6)	% v. (4) (7)
III/1.1	9,479	7,845	83	11,003	140	9,228	84
III/1.2	6,532	4,757	73	5,118	108	4,576	89
III/1.3	0,935	0,839	90	0,449	54	0,449	100
III/1.4	0,020	0,000	0	0,000	-	0,000	-
III/1.5	0,097	0,000	0	0,000	-	0,000	-
III/1.6	0,119	0,470	395	0,123	26	0,117	95
III/1.7	0,035	0,132	377	0,121	92	0,121	100
III/1.8	0,069	0,042	61	0,022	52	0,022	100
III/2	0,284	0,220	77	0,199	90	0,134	67
III (ESF)	**18,572**	**14,305**	**77**	**17,035**	**119**	**14,647**	**86**

* Änderungsantrag vom 21.10.96 bei geplanten öffentlichen Mitteln berücksichtigt

Quelle: EPPD, Jahresbericht 1995 und Angaben des Ministeriums für Arbeit Schleswig-Holstein im Vorgriff auf Jahresbericht 1996.

Die Änderungen im Unterprogramm III haben eine Verringerung des geplanten Budgets um 23% zur Folge. Die Änderungen sind u. a. auf die Maßnahmen III/1.4 und III/1.5 zurückzuführen, die nachträglich aus dem EPPD zurückgezogen wurden. Die anderen ESF-Maßnahmen wurden der Entwicklung der Nachfrage angepaßt, die in der Regel zu einem geringeren Abfluß der Mittel führte. Als eine wesentliche Ursache muß jedoch auch die verspätete Genehmigung des EPPD Ende Dezember 1994 genannt werden, die ein Aufholen der bis dahin nicht möglichen Förderung deutlich erschwerte.

Es fällt insgesamt auf, daß mit Ausnahme der Maßnahme III/1.6 (Weiterbildung im ländlichen Raum) und III/1.7 (Mädchenarbeit im ländlichen Raum) die öffentlichen Mittel in allen Maßnahmen zum Teil sogar erheblich gekürzt wurden. Für die Maßnahme 1.8 des Unterprogramms, die eine Integration von Aussiedlern und ausländischen Flüchtlingen vorsah, fiel die nachträgliche Anpassung der Planungen am höchsten aus. Weiteres zur Umschichtung von ESF-Mitteln innerhalb des Unterprogramms ist dem Kapitel 6 dieser Studie zu entnehmen.

Gemessen an den neuen Planungen weist das Unterprogramm III eine überdurchschnittliche Bewilligungsrate von 119 % auf. Dies ist besonders auf die beiden Hauptmaßnahmen des Unterprogramms "Qualifizierung einschl. Serviceagenturen" und "Qualifizierung in sonstigen Bereichen" zurückzuführen (III/1.1 u. III/1.2). Beide weisen Raten von über 100 % aus. Die anderen noch bestehenden Maßnahmen des Unterprogramms liegen unterhalb der Idealmarke von 100 %. Besondere Aktivitäten zur Erreichung des angestrebten Vollzugs sind für die Maßnahmen III/1.3 (Integration von Arbeitslosen), III/1.6 (Weiterbildung im ländlichen Raum) und III/1.8 (Integration von Aussiedlern) trotz der Umschichtung noch notwendig.

Betrachtet man die Auszahlungsrate gemessen an den Bewilligungen des Programms, so stellt man eine Auszahlungsrate von 86 % fest. Dies läßt auf einen hohen Realisierungsgrad der im Rahmen des Unterprogramms durchgeführten Projekte schließen.

Die Gesamtbetrachtung der Vollzugskontrolle des Unterprogramms legt den Schluß nahe, daß die beiden Hauptmaßnahmen keine gravierenden Vollzugsprobleme erwarten lassen. In der Maßnahme 1.3 (Integration von Arbeitslosen) kommt es offensichtlich weiterhin zu Problemen der Kofinanzierung der Maßnahmen, die nach Aussagen der BSH auf Inkompatibilitäten zwischen kommunalen Mittelgebern (Mittelbindung für ein Jahr) und dem AFG (Bindung für zwei Jahre) resultieren.

5.3.2 Zielerreichungskontrolle

Die Zielerreichungskontrolle dient der Überprüfung, inwieweit die aufgestellten Ziele des Unterprogramms bereits erreicht wurden. Im Gegensatz zur Vollzugskontrolle, die die Programmumsetzung auf der Basis finanzieller Indikatoren kennzeichnet, bedient sie sich der physischen Indikatoren des Programms, die im Zuge der Begleitung erfaßt wurden. Die Zielerreichung des Unterprogramms III (ESF) ist Tabelle 5.3 zu entnehmen.

Tabelle 5.3: Zielerreichungskontrolle auf der Basis vorliegender Indikatoren

Maß-nahme	**Indikator**	**Wert**	**Ziel**	**Zielerreichung** 50 ist der Erwartungswert
III/1.1	Anzahl der Personen	448	760	59
	Anzahl der Eintritte / Jahr	149	127	117**
III/1.2	Anzahl der Personen	204	1271	16
	Anzahl der Eintritte / Jahr	65	127	51**
III/1.3	Anzahl der Personen	25	125	20
	Anzahl der Eintritte / Jahr	8	21	38**
III/1.7	Anzahl der Personen*	137	75	183

* Angaben nur zum 31.12.95

** Das Optimum liegt hier abweichend von den anderen Werten bei 100.

Quelle:EPPD, Jahresbericht 1995, Angaben der BSH.

Für die Überprüfung der Zielerreichung stehen 7 Indikatoren zur Verfügung, zu denen einerseits im EPPD Erwartungsgrößen und andererseits im Jahresbericht und ergänzenden Quellen Istzahlen vorliegen. Bei der Betrachtung der Zahlen zeigt sich, daß die Zielerreichungswerte, die bei etwa 50 liegen sollten, teils erheblich nach oben oder unten abweichen.

Primäre Ursache ist, daß es bei der Aufstellung des Programms offensichtlich kaum möglich war, die Erwartungen hinsichtlich Vollzugs- und Ergebnisindikatoren zuverlässig zu schätzen. Dadurch kommt es in den vier Maßnahmen, für die eine Zielerreichungskontrolle möglich ist, teilweise zu Abweichungen vom Soll, die kaum mit den Werten des finanziellen Vollzugs zusammenpassen wollen.

Versucht man trotz der beschriebenen Einschränkungen eine Interpretation, so bestätigt sich zumindest die den Planungen entsprechende Umsetzung der Maßnahme Qualifizierungsprojekte einschl. Serviceagenturen (III/1.1). Die Zielerreichungswerte der Maßnahmen III/1.2 (Qualifizierung in sonstigen Bereichen) und III/1.7 (Mädchenarbeit im ländlichen Raum) stimmen nicht mit den Beobachtungen der Vollzugskontrolle überein, was ein weiteres Indiz für die nur schwer mögliche ex-ante Abschätzung der Ergebnisse der Maßnahmen ist. Für die Maßnahme III/1.3 (Integration von Arbeitslosen) bestätigen die Werte in etwa die Ergebnisse der Vollzugskontrolle.

5.3.3 Ergebnisse der Förderung

Die Ergebnisse der Förderung für die Maßnahmen des Unterprogramms III (ESF) sind Tabelle 5.4 zu entnehmen. Dabei konnte aus Datenverfügbarkeitsgründen zum Teil nicht auf Werte aus dem Jahr 1996 zurückgegriffen werden (vgl. dazu auch Kapitel 5.2.2).

Tabelle 5.4: Ergebnisse der Maßnahmen des Unterprogramms III (ESF) für den Zeitraum 1994 bis 1996

Maßnahme	*Indikator*	*1994/95*	*1996*	*Summe*
III/1.1	Anzahl der bewilligten Qualifizierungsprojekte	19	12	31
	Personenbestand in Qualifizierung	339	408	374*
	Eintritte in die Maßnahme	339	109	448
	Abbrüche	35	k.A.	35
	davon wg. Beschäftigungsaufnahme	15	k.A.	15
III/1.2	Anzahl der bewilligten Qualifizierungsprojekte	10	1	11
	Personenbestand in Qualifizierung	194	204	199*
	Eintritte in die Maßnahme	194	10	204
	Abbrüche	28	k.A.	28
	davon wg. Beschäftigungsaufnahme	19	k.A.	19
III/1.3	Anzahl der bewilligten Projekte	1	k.A.	1
	Personenbestand in Qualifizierung	25	25	25*
	Anzahl der Eintritte	25	k.A.	25
III/1.6	Anzahl der bewilligten Weiterbildungsmaßnahmen	4	k.A.	4
III/1.7	Anzahl der Projekte	2	k.A.	2
	Anzahl der beratenen Personen	137	k.A.	137
III/1.8	Anzahl der Projekte	4	k.A.	4

* Mittelwert; k.A. = keine Angaben

Quelle: Angaben des Ministeriums für Arbeit des Landes Schleswig-Holstein und der BSH, Neumünster sowie eigene Berechnungen.

Im Durchschnitt der zwei Jahre des Förderzeitraums befanden sich im Rahmen der Maßnahme III/1.1 (Qualifizierung einschl. Serviceagenturen) 374 Personen in 31 Qualifizierungsprojekten. Der größte Teil dieser Personen trat 1995 in die Projekte ein. Ebenfalls 1995 beendeten die ersten 40 Personen ihre Maßnahmen. 1996 traten weitere 109 Personen neu in Qualifizierungsprojekte ein, so daß seit Beginn des Förderprogramms bis zum 31.12.96 annähernd 450 Personen an der Qualifizierungsmaßnahme teilnahmen. Für die Förderphase 94/95 waren 35 Abbrüche zu beobachten gewesen, davon 15 wegen Beschäftigungsaufnahme. Gemessen am Bestand waren das 10% bzw. 5%. Im Rahmen der

Qualifizierung in sonstigen Bereichen (III/1.2) befanden sich im Durchschnitt 199 Personen in insgesamt 11 einzelnen Qualifizierungsprojekten. Die allermeisten Eintritte waren im Förderjahr 1994/95 festzustellen. In diesem Zeitraum waren 28 Abbrüche - entspricht ca. 14% - davon 19 wegen Beschäftigungsaufnahme zu verzeichnen. Das bisher einzige Projekt der Maßnahme „Integration von Arbeitslosen" (III/1.3) begann im März 1995 und endete im Februar 1996. An diesem Projekt „Qualifizierung und Umschulung in Bereichen des Handwerks" nahmen 25 Personen teil. Über ihren Verbleib konnten keine Angaben gemacht werden. Die Maßnahme III/1.6 „Weiterbildung im ländlichen Raum" wies mit Stand 31.12.95 vier Projekte auf. Die Angaben der Maßnahme III/1.7 „Mädchenarbeit im ländlichen Raum" weist mit 2 Projekten und 137 beratenen Personen (Stand 31.12.95) gewisse Abweichungen zu den Angaben aus Interviews auf. Ebenfalls nur zum Stand Dezember 1995 werden 4 Projekte, meist Seminare zur politischen Bildung, in der Maßnahme III/1.8 (Integration von Aussiedlern) ausgewiesen.

5.4 Wirkungsanalyse

Die Wirkungen des Unterprogramms können nur sehr eingeschränkt auf Makroebene dokumentiert werden, da der Abstand zum Programmbeginn für die meist erst langfristig wirksamen Maßnahmen zu gering ist. Im Rahmen dieser Zwischenbewertung müssen also einerseits die bereits eingetretenen Wirkungen der einzelnen Maßnahmen und Projekte und die erwarteten Wirkungen zuerst auf Ebene des Unterprogramms und dann auf Ebene des Gesamtprogramms zusammengetragen werden. Wichtigster Indikator ist die Beschäftigungswirkung der Maßnahmen, d.h. im Falle dieses Unterprogramms die Erwerbstätigkeit auf dem ersten Arbeitsmarkt. Aufgrund fehlender Verbleibsangaben mußte auf Erfahrungswerte von Projektträgern zurückgegriffen werden.

Wie sich die Qualifizierungsmaßnahmen (III/1.1 - III/1.3) des Unterprogramms III (ESF) auf die zukünftige Situation der Teilnehmer auswirken könnten, ist der folgenden Tabelle zu entnehmen:

Tabelle 5.5: Struktur der Qualifikationsmaßnahmen und Abschätzung des Verbleibs nach Abschluß der Maßnahmen

Qualifikationsbereich	*Teilnehmer*	*Geschätzter Anteil der Teilnehmer, die innerhalb von 6 Monaten nach Abschluß eine Arbeit aufnehmen.*	
		in %	*absolut*
Bürobereich	40	75	30
Handwerk	185	60	111
Haus- und Familienpflege	80	60	48
Tourismus	91	60	55
Umwelt- und Landschaftspflege	327	30	98
Gesamt	723	-	342

Quelle: Eigene Berechnungen und Schätzungen auf Basis von Expertengesprächen.

Grundlage der Schätzgrößen waren Gespräche mit Projektträgern. Die besten Chancen einer späteren Beschäftigung im ersten Arbeitsmarkt haben die Absolventen der Projekte im Bereich Büroberufe und Dienstleistungen. Schätzungen gehen meist von einem Anteil zwischen 70 und 80 % aus. Geringere Chancen bestehen nach Qualifizierung und Umschulung in Bereichen des Handwerks und in der Haus- und Familienpflege. Für den Bereich Tourismus konnten keine Schätzwerte ermittelt werden, die Vermittlungschancen liegen wahrscheinlich ähnlich hoch wie im Bereich Handwerk und häuslicher Pflege. Der Bereich Umwelt- und Landschaftspflege, der in der Qualifizierungsstruktur und in der Saisonabhängigkeit gewisse Ähnlichkeiten zum Bausektor aufweist, weist die geringsten Chancen der Vermittlung in den ersten Arbeitsmarkt auf. Hier kann in der Regel nur ein Drittel der Teilnehmer erfolgreich vermittelt werden. Die geschätzten Vermittlungschancen können selbstverständlich nur bei Einstufung der Teilnehmer entsprechend ihrer persönlichen und fachlichen Voraussetzungen erreicht werden. Dies wurde für die Schätzungen vorausgesetzt. Die Relevanz einer geeigneten Einstufung wird auch in den folgenden Ausführungen nochmals deutlich.

Aus dieser Untergliederung könnte man schließen, die Qualifizierung müßte nur im Bereich der Bürodienstleistungen durchgeführt werden. Die jeweiligen Möglichkeiten zur Qualifizierung hängen jedoch stark von den Voraussetzungen der Teilnehmer ab. Bei den Teilnehmern im Bereich „Büro" handelt es sich zumeist um Frauen, die nach einer Familienphase ihren Büroberuf wieder aufnehmen wollen und die Qualifikationen im Bereich der EDV nachholen müssen. Bei den Qualifizierungsmaßnahmen im Bereich Umwelt- und Landschaftspflege handelt es sich hingegen oft um Männer, die vorher in Bauberufen tätig waren und oft durch persönliche Umstände keine ausreichende Qualifikation oder gesundheitliche Beeinträchtigungen aufweisen. Sicherlich wird es schwierig sein, diese Personen in anderen Qualifizierungsprojekten entsprechend ihren Möglichkeiten fortzubilden, angesichts der geringen Vermittlungsrate sollte zunehmend versucht werden, Beschäftigungsfelder mit besseren Chancen anzustreben. Die Möglichkeit, einen Teilnehmer bei erkannter fehlerhafter Einstufung ohne großen Verwaltungsaufwand in ein anderes Projekt umzusetzen, ist dabei eine Grundvoraussetzung.

Eine Gegenüberstellung der Kosten der jeweiligen Maßnahme und der jeweiligen Teilnehmertage (Zahl der Teilnehmer multipliziert mit der Dauer des Projektes) ergibt zum Teil Unterschiede von 53 DM bis zu 310 DM pro Teilnehmertag. Stellt man die in Tabelle 5.5 abgeschätzten Vermittlungschancen den Kosten gegenüber, ergeben sich noch größere Unterschiede. Sie bewegen sich zwischen 108 DM und 1031 DM pro wirksamem Teilnehmertag (Teilnehmertage multipliziert mit den Vermittlungschancen). Tendenziell sind Maßnahmen mit Qualifikation im Umweltbereich teurer als in anderen Beschäftigungsfeldern. Günstige Projekte weisen in diesem Bereich jedoch nur Kosten in Höhe von 270 DM je wirksamen Teilnehmertag auf. Eine tiefergehende Interpretation ist aufgrund der vorliegenden Daten relativ schwierig, da die förderfähigen Kosten (Gesamtkosten) pro Projekt nicht nach den unterschiedlichen Kostenpositionen aufgegliedert sind. Aufgrund der großen Kostenunterschiede scheinen Kostenreduzierungen auf Seiten der Projektträger noch möglich zu sein.

Wie in der Einleitung (Kapitel 5.1) bereits erwähnt, wurden mit der Einführung der Ziel-5b-Politik neue Akzente der Arbeitsmarktpolitik im ländlichen Raum gesetzt. Damit wurde erstmals ein Anreiz zum Aufbau von Projektträgerstrukturen gegeben. Zielsetzung der ersten Phase der ESF-Finanzierung im Ziel-5b-Programm war es, wie auch an den Auswahlkriterien der Projekte erkennbar ist, eine vielseitige Trägerstruktur zu etablieren. In diesem Sinne kann die ESF-Finanzierung als Entwicklungshilfe zum Aufbau von Projektträgerkapazitäten verstanden werden. Dieses Verständnis und die Tatsache, daß alle beantragten

Projekte auch bewilligt werden konnten, führte zwangsläufig zu einer Vernachlässigung von Wettbewerbsaspekten. Im Interesse einer möglichst kostengünstigen Bereitstellung der gewünschten Leistungen im Zuge der Qualifizierungsmaßnahmen, sollte im weiteren Verlauf ein Wettbewerb zwischen den Trägern zum tragen kommen.

Im Bereich der Beratungs- und Orientierungsmaßnahmen (III/1.6 - III/1.8) könnte durch geeignete Indikatoren noch erheblich mehr Klarheit über die Wirkungen erzielt werden. Dies soll an einem Projekt im Rahmen der Maßnahme III/1.7 (Mädchenarbeit im ländlichen Raum) demonstriert werden (vgl. Kapitel 5.5).

Über die bisher identifizierten Wirkungen hinaus bleiben aus der Durchführung des Unterprogramms noch Beschäftigungswirkungen für Projektleiter und ähnliches Personal (1,5 Personen á 10 Teilnehmer), die für die vorliegenden 52 Projekte aus dem Unterprogramm III auf etwa 160 Personenjahre geschätzt werden können.

5.5 Fallstudie "Mädchenarbeit im ländlichen Raum"

Das Modellprojekt "Mädchenarbeit im ländlichen Raum" im Kreis Eckernförde bietet im Zuge der Beratungstätigkeiten Hilfen bei der Berufswahl, dem Übergang von Schule in Ausbildung, bei Ausbildungsabbruch, Einstieg ins Erwerbsleben oder beim Wiedereinstieg an.[1] Es wendet sich insbesondere an Schülerinnen, junge Frauen mit Problemen in der Ausbildung und an arbeitslose junge Frauen. Neben zentralen Beratungsstellen werden auch in ländlichen Jugendzentren Kontakte zu den Zielgruppen gesucht. Darüber hinaus findet eine enge Zusammenarbeit mit Ausbildungsberatern der Handwerkskammern mit Ausbildungsbetrieben und Schulen sowie den Berufsberatungen der Arbeitsämter statt.

Oberster Grundsatz dieses Projektes ist es, den Ratsuchenden Anleitung und Hilfe zur Selbsthilfe zu geben. Die Zielgruppe setzte sich hinsichtlich ihrer Schulbildung in den Jahren 1995 und 1996 wie in Tabelle 5.6 dargestellt zusammen:

---

1 Die folgenden Ausführungen beruhen auf Gesprächen mit dem Projektträger, von ihm zur Verfügung gestellter Daten sowie auf dem Artikel: "Berufsbezogene Mädchenarbeit im ländlichen Raum". BSH aktuell. 1996.

Tabelle 5.6: Zusammensetzung der Ratsuchenden nach Schulbildung

	1995		1996	
Abschluß	absolut	in %	absolut	in %
Hauptschulabschluß	16	62	28	56
Realschulabschluß	9	35	14	28
Abitur	1	3	6	12
Förderschule	0	0	1	2
Fachhochschule	0	0	1	2
Gesamt	26	100	50	100

Quelle:Angaben des Projektträgers

Schwerpunkt der Beratungstätigkeit lag bei jungen Frauen mit Hauptschulabschluß. Damit richtet sich das Programm an eine Zielgruppe im ländlichen Raum, die besondere Schwierigkeiten bei der Erwerbstätigkeit aufweist.

Hauptgründe für die Beratung waren Informationsbedarf zu Ausbildung, Berufswahl und zur eigenen wirtschaftlichen Situation. Hintergrund waren einerseits oft persönliche Probleme, insbesondere in der Familie, aber auch Probleme im Ausbildungsbetrieb mit dem Ausbilder oder mit Kollegen. Wenn diese zu einem Abbruch der Ausbildung führen, kann die spätere Integration der betroffenen Personen in den Arbeitsmarkt meist erheblich erschwert werden. Angesichts der Erfahrungen des Projektträgers, der auch im Bereich Qualifizierung Projekte durchführt und damit die persönlichen Konstellationen kennt, die zu einer erheblich erschwerten Vermittlung führen, war es sinnvoll schon im Vorfeld Hilfe zur Lösung der Kernprobleme anzubieten.

Betrachtet man den Verbleib von 78 beratenen jungen Frauen, die im Zeitraum von Januar 1996 bis September 1996 Rat suchten, läßt sich die Beratung als erfolgreiches Projekt einstufen (vgl. Abbildung 5.2).

Abbildung 5.2: Verbleib der ratsuchenden Frauen nach der Beratung

- 21 junge Frauen sind weiterhin in Ausbildung, drei von ihnen in einem neuen Betrieb,
- je 2 sind entweder in Umschulung, im Betriebspraktikum oder haben eine Arbeit aufgenommen,
- 8 verblieben in Arbeit,
- 23 gehen weiterhin zur Schule,
- 6 haben eine Ausbildung aufgenommen,
- 2 sind in berufsvorbereitenden Maßnahmen,
- 11 sind unbekannt verblieben und
- 1 Frau ist im Mutterschutz.

Quelle: "Berufsbezogene Mädchenarbeit im ländlichen Raum". BSH-Aktuell. 1996

Die Identifizierung von Mitnahmeeffekten ist im Rahmen dieser Darstellung nicht möglich, jedoch spricht der hohe Anteil von Frauen, die ihren bisherigen Tätigkeiten nachgehen, für einen Beitrag des Projektes zur Lösung der Probleme, die andernfalls zu einem Abbruch von Schule, Ausbildung oder Erwerbstätigkeit führen.

5.6 Zusammenfassung und Empfehlungen

Das Unterprogramm III (ESF) des schleswig-holsteinischen Ziel-5b-Programms ist Bestandteil der nationalen und landesspezifischen Arbeitsmarktpolitik. Zur Kofinanzierung dienen die Maßnahmen des AFG und des Bundessozialhilfegesetzes.

Das Indikatorensystem weist teilweise Konsistenzprobleme zwischen Maßnahmen- und Projektebene auf. Eine Überprüfung des Berichtssystems wird daher empfohlen. Die Normativität der Indikatoren ist im großen und ganzen gegeben. Werden die Indikatoren aktuell und zuverlässig erfaßt, sind sie für das angestrebte Ziel der Förderung von Beschäftigungswachstum und Stabilität hinreichend relevant. Die zeitnahe Erfassung der Indikatoren und deren Nutzung bei Entscheidungen über Umschichtung von Mitteln sollte angestrebt werden. Besonders die zeitnahe Erfassung sollte bei der bereits teilweise praktizierten EDV-gestützten Erfassung der einzelnen Projekte kein unüberwindbares Problem mehr darstellen. Die Indikatoren ständen so jederzeit in aktueller Form zur Verfügung.

Die Vollzugskontrolle deutet im großen und ganzen auf einen problemlosen Vollzug der einzelnen Maßnahmen hin. Lediglich für die Maßnahme III/1.3 (Integration von Arbeitslosen) zeichnen sich weiterhin aus der Inkompatibilität von Bindungsfristen des AFG und der Kommunen resultierende Probleme ab. Hier sollte das Landesministerium für Arbeit zusammen mit der Beschäftigungsgesellschaft Schleswig-Holstein, die Möglichkeit einer Kofinanzierung von nur einem der Mittelgeber überprüfen.

Die Zielerreichungskontrolle gestaltet sich aufgrund der oben angesprochenen Probleme des Indikatorensystems sehr schwierig. Die Indikatoren passen nur in den Maßnahmen 1.1 und 1.3 in etwa zu den Feststellungen der Vollzugskontrolle. Dies deutet auf Schwierigkeiten bei der Abschätzung der erwarteten Ergebnisse der Interventionen zu Beginn des Programms hin.

Die Wirkungsanalyse, die nicht auf erste Untersuchungen über den Verbleib der Teilnehmer zurückgreifen konnte, kommt als geschätztes Ergebnis zu annähernd 350 Personen, die nach Abschluß der Maßnahmen wahrscheinlich in den ersten Arbeitsmarkt vermittelt werden können. Da diese Vermittlungsquote sehr stark auch von konjunkturellen Entwicklungen abhängt, könnte das tatsächliche Ergebnis davon abweichen. Von insgesamt etwas mehr als 700 Teilnehmern an Qualifizierungsprojekten würden also ca. 47% erfolgreich re-integriert werden können. Dabei handelt es sich um Bruttoeffekte, da Mitnahmeeffekte durch die fehlende Möglichkeit zur Bildung von Kontrollgruppen nicht quantifiziert werden konnten.

Im Bereich der Beratungs- und Orientierungsmaßnahmen konnte an einem Beispiel demonstriert werden, wie schon im Vorfeld von Qualifizierungsmaßnahmen Faktoren, die zu einer schweren Vermittelbarkeit führen, verhindert werden können. Das Beispiel "Mädchenarbeit im ländlichen Raum" weist eine hohe Zielgruppenrelevanz und nachfolgend akzeptable Wirkungen auf. Die Möglichkeiten einer Erfolgsmessung anderer Beratungs- und Orientierungsmaßnahmen sollten auch im Interesse einer Darstellung des Erfolges der ergriffenen Maßnahmen noch intensiver diskutiert werden.

Zu diesen soeben genannten Wirkungen kommen noch die zeitlich befristeten Beschäftigungseffekte bei der Durchführung von Qualifizierungsprojekten im Umfang von ca. 160 Personenjahren hinzu.

6 Änderungen des Programms und deren Beurteilung

Bis zum 31.12.96 lag ein Änderungsantrag zum EPPD das Unterprogramm III (ESF) betreffend vor. Diese Änderung wurde nach einem Umlaufverfahren, eingeleitet mit einem Schreiben vom 21.10.96, am 11.11.96 vollzogen.

Die Änderung betrifft eine zeitliche Umschichtung der nicht genutzten ESF-Mittel der Jahre 1994 und 1995 auf die Jahre 1996 bis 1999 und eine inhaltliche Umschichtung der Mittel aus zwei finanziell gering ausgestatteten kleinen Maßnahmen, die seit Beginn des Programms nicht umgesetzt werden konnten (III/1.4 und III/1.5).

Die Aufteilung der Finanzmittel stellt sich für das Unterprogramm III (ESF) nach der Änderung wie in Tabelle 6.1 dar.

Tabelle 6.1: Änderung des Unterprogramms III (ESF)

	EPPD		Nach Änderung	
Maßnahme	Öffentl. Mittel	Private Mittel	Öffentl. Mittel	Private Mittel
III/1.1	20,855	0,000	20,111	0,000
III/1.2	14,374	0,000	14,024	0,000
III/1.3	2,057	0,000	1,999	0,000
III/1.4	0,045	0,018	0,000	0,000
III/1.5	0,214	0,000	0,000	0,000
III/1.6	2,462	0,000	1,555	0,000
III/1.7	0,078	0,000	0,112	0,051
III/1.8	0,152	0,000	0,125	0,000
III/2	0,626	0,000	0,651	0,000
III (ESF)	40,863	0,018	38,576	0,051

Quelle: Änderungsantrag zum EPPD vom 21.10.96.

Die ursprünglich geplanten öffentlichen Mittel werden um ca. 2,3 Mill. ECU reduziert. Die eingesetzten ESF-Mittel bleiben im Unterprogramm wie auch die Bundesmittel in etwa gleich. Die Reduzierung ist damit auf eine Reduzierung der Landesmittel zurückzuführen. Die Mittel für die Maßnahmen III/1.4 und III/1.5 fallen weg. Die öffentlichen Mittel für die Maßnahmen III/1.1, III/1.3, III/1.6 und III/1.8 werden reduziert. Mittelaufstockungen gegenüber den ursprünglichen Planungen erfahren die Maßnahmen III/1.7 und III/2.

In den Unterlagen zum Begleitausschußprotokoll werden keine detaillierten Begründungen für die Änderung des Programms gegeben. Es ist nur von nicht realisierten Maßnahmen die Rede. In Interviews konnte ermittelt werden, daß die beiden nicht realisierten Maßnahmen sehr stark auf jeweils einen Träger zugeschnitten waren, der nach Genehmigung des Programms einerseits die entsprechende Mitfinanzierung nicht gewährleisten konnte und andererseits die Nachfrage für die Maßnahme offensichtlich überschätzt hatte. Auch der Aufwand für die Umsetzung einer Maßnahme mit öffentlichen Mitteln in Höhe von nur 45.000 ECU wurde offensichtlich unterschätzt. Diese Probleme hätten schon im Vorfeld der Programmaufstellung erkannt werden können. Nach welchen Kriterien die Umschichtung der ESF- und anderen öffentlichen Mitteln vorgenommen wurde, ist aus dem Änderungsantrag nicht ersichtlich.

Die eigentliche Ursache für die Umschichtung von ESF-Mitteln aus den Jahren 1994 bis 1996 auf spätere Jahre ist in der späten Genehmigung des Ziel-5b-Programms durch die Europäische Kommission zu sehen. Bei eventuell folgenden Programmen sollten zumindest Vereinbarungen zwischen Bund, Land und Kommission getroffen werden, die einen teilweisen Beginn der Förderung auch schon vor der Genehmigung des Programms erlauben.

Weitere Programmänderungen betrafen nicht die Umverteilung der Mittel zwischen Maßnahmen. In einem Fall wurde eine Regelung der Beteiligung von außerhalb von Ziel-5b-Gebieten wohnenden Personen an Qualifizierungsmaßnahmen des ESF gefunden. Im Rahmen des Unterprogramms II (EFRE) wurde eine Zusammenfassung von vorher getrennten Richtlinien in eine Richtlinie für das Regionalprogramm vorgenommen. Deren inhaltliche Änderungen sind nur gering, so daß sich eine Beurteilung der Änderungen hier erübrigt.

7 Zusammenfassung und Empfehlungen zum Gesamtprogramm

7.1 Zusammenfassung

7.1.1 Sozioökonomische Entwicklung im Ziel-5b-Gebiet

Aus der Analyse der sozioökonomischen Entwicklung des Ziel-5b-Gebietes ergaben sich keine grundsätzlichen Änderungen der Situation seit Aufstellung des Programms. Folgendes ließ sich zusammenfassend feststellen:

- Gemessen an der Bruttowertschöpfung nahm die Disparität zwischen den Ziel-5b-Kreisen und dem Landesdurchschnitt von 1990 bis 1992 wieder zu, nachdem sie von 1988 bis 1990 abgenommen hatte.
- Die Ziel-5b-Kreise weisen ab 1993 ein höheres positives Wanderungssaldo der Bevölkerung und der Erwerbstätigen im Vergleich zum Landesdurchschnitt auf.
- Der Anstieg der sozialversicherungspflichtig Beschäftigten fiel von 1991 bis 1994 geringfügig höher aus als im Landesdurchschnitt.
- Die Arbeitslosigkeit ist seit 1992 angestiegen, wenngleich nicht im gleichen Maße wie im Landesdurchschnitt.
- Die starke saisonale Ausprägung der Arbeitslosenquote blieb weiterhin bestehen.

Für das Programm insgesamt geben diese Änderungen keinen Anlaß für eine vollständige Umgestaltung. Vor dem Hintergrund der Änderungen der externen Rahmenbedingungen sollte jedoch einerseits geprüft werden, ob Teile des Programms, die mit der Abwanderung von Bevölkerung begründet wurden, modifiziert werden sollten. Auf der anderen Seite rechtfertigt der Anstieg der Arbeitslosenzahlen eine stärkere Betonung direkt beschäftgungswirksamer, produktiver Maßnahmen im Programm. Jedoch sollte aufgrund der starken saisonalen Ausprägung der Arbeitslosenquoten keine Konzentration auf die stark saisonabhängigen Segmente Tourismus und Bau vorgenommen werden, es sei denn, es wird dadurch eine Saisonverlängerung erreicht.

7.1.2 Einordnung des Ziel-5b-Programms in andere Politikbereiche

Die Ziel-5b-Politik des Landes Schleswig-Holstein ist in ihren Unterprogrammen Teil größerer Politikbereiche auf Bundes-, Landes- und kommunaler Ebene. Gemessen an den öffentlichen Mitteln wurde bis zu 95 % der Maßnahmen des Unterprogramms I (EAGFL) innerhalb der Gemeinschaftsaufgabe „Verbesserung der Agrarstruktur und des Küstenschutzes" umgesetzt. Die Umsetzung der EFRE-Aktivitäten erfolgt über das Regionalprogramm zur Förderung strukturschwacher ländlicher Räume. Grundlagen für die Umsetzung des Unterprogramms III (ESF) sind die Regelungen des Arbeitsförderungsgesetzes und des Bundessozialhilfegesetzes. Eine Einbindung und Kohärenz der Ziel-5b-Politik mit der Landes- und Bundespolitik ist deshalb gewährleistet.

Die Untersuchungen der Unterprogramme ergaben keine grundlegenden Widersprüche gegenüber anderen Politikbereichen der Europäischen Union. Umweltaspekte werden in vielen Maßnahmen berücksichtigt oder stellen eine explizite Zielsetzung dar. Hier sind besonders der biologische Naturschutz und der Bau von Abwasserbeseitigungsanlagen im Unterprogramm I (EAGFL) sowie das Zentrum für das Wattenmeermonitoring und -information im EFRE-Unterprogramm zu nennen, das auch einen wichtigen Bildungsauftrag hinsichtlich des Naturschutzes wahrnimmt. Bezüglich der Förderung der Gleichberechtigung von Mann und Frau wurden Förderbereiche identifiziert, die vorrangig Frauen zugute kommen. Dazu zählen sowohl EFRE-Projekte im Bereich Tourismus als auch EAGFL-Projekte der Landesdorferneuerung. Im Unterprogramm III (ESF) werden in zahlreichen Projekten vorrangig Frauen durch Qualifizierung und Beratung an neue Erfordernisse des Arbeitsmarktes herangeführt.

7.1.3 Indikatoren und Begleitsystem

Das Indikatorensystem für den Begleitausschuß weist insbesondere in den Unterprogrammen I und III einige Defizite auf. Die Beurteilungskriterien für ein zur Begleitung politischer Programme geeignetes System werden in Teilen erfüllt. Dringendstes Problem ist die teilweise festgestellte Inkonsistenz des Indikatorensystems zwischen Projekt- und Maßnahmenebene. Hier werden Projektdaten nur teilweise in die Berichterstattung auf Maßnahmenebene integriert, oder es treten Abweichungen zwischen Projektangaben und der Berichterstattung für den Begleitausschuß auf. Der hohen Anzahl erfaßter Indikatoren stehen besonders im Unterprogramm I nur wenige zuverlässige Zielgrößen aus dem EPPD gegenüber. Die Relevanz der Indikatoren ist in Teilbereichen noch verbesserungsbedürftig, genauso wie ihre zeitnahe und aktuelle Verfügbarkeit. Alle diese Probleme sind unter anderem Gründe dafür, daß die Indikatoren in der Regel nicht zur Steuerung des Programms genutzt werden, wie sich anhand von Umschichtungsentscheidungen bereits gezeigt hat.

7.1.4 Vollzugskontrolle

Insgesamt wird das Ziel-5b-Programm zügig und ohne große Umsetzungsprobleme implementiert. Das dürfte auf die starke Einbindung in bereits längerfristig bestehende Förderrichtlinien zurückzuführen sein. Wie sich Tabelle 7.1 entnehmen läßt, weist das Programm eine Bewilligungsrate von 108% und eine Auszahlungsrate von 75% aus. Dies stützt die These eines weitgehend reibungslosen Vollzuges des Programms. Alle Unterprogramme weisen eine mindestens hundertprozentige Bewilligungsrate auf. Die höchste Bewilligung weist mit 119% das Unterprogramm III (ESF) auf. Den höchsten Auszahlungsstand weist das Unterprogramm I mit 95% auf, was auf eine große Zahl von kurzfristig realisierbaren Projekten zurückzuführen ist. Die Auszahlungsrate im EFRE-Unterprogramm wird vom EFRE-Evaluierer als ausreichend hoch für derartige Maßnahmen eingeschätzt.

Tabelle 7.1: Gesamtübersicht über geänderte Planungen, Bewilligungen und Auszahlungen des Ziel-5b-Programms, der Unterprogramme und Maßnahmen

Maßnahme	Öffentliche Mittel						
	Ansätze	Durchführung					
	EPPD	geplant		bewilligt		ausgezahlt	
	MECU	MECU	% v. (1)	MECU	% v. (2)	MECU	% v. (4)
	(1)	(2)	(3)	(4)	(5)	(6)	(7)
I/1.1	9,610	9,610	100	9,610	100	7,856	82
I/1.2	0,178	0,178	100	0,145	81	0,085	59
I/1.3	6,509	6,509	100	5,221	80	5,221	100
I/1.4	0,177	0,177	100	0,321	181	0,173	54
I/1.5	13,846	13,846	100	13,846	100	13,846	100
I/1.6	2,959	2,959	100	2,959	100	2,959	100
I/1.7	s. I/1.5	s. I/1.5	s. I/1.5	s. I/1.5	s. I/1.5	s. I/1.5	s. I/1.5
I/2.1	0,198	0,000	0	0,000	-	0,000	-
I/2.2	0,325	0,000	0	0,000	-	0,000	-
I/3.1	3,551	3,551	100	9,384	264	9,384	100
I/3.2	1,419	1,419	100	1,419	100	1,419	100
I/4	0,273	0,273	100	0,155	57	0,096	62
I (EAGFL	**39,045**	**38,522**	**99**	**43,060**	**112**	**41,039**	**95**
II/1	38,882	38,882	100	38,882	100	18,960	49
II/2	0,177	0,177	100	0,177	100	0,120	68
II (EFRE)	**39,059**	**39,059**	**100**	**39,059**	**100**	**19,080**	**49**
III/1.1*	9,479	7,845	83	11,003	140	9,228	84
III/1.2*	6,532	4,757	73	5,118	108	4,576	89
III/1.3*	0,935	0,839	90	0,449	54	0,449	100
III/1.4*	0,020	0,000	0	0,000	-	0,000	-
III/1.5*	0,097	0,000	0	0,000	-	0,000	-
III/1.6*	0,119	0,470	395	0,123	26	0,117	95
III/1.7*	0,035	0,132	377	0,121	92	0,121	100
III/1.8*	0,069	0,042	61	0,022	52	0,022	100
III/2*	0,284	0,220	77	0,199	90	0,134	67
III (ESF)	**18,572**	**14,305**	**77**	**17,035**	**119**	**14,647**	**86**
5b gesamt	**96,676**	**91,886**	**95**	**99,154**	**108**	**74,766**	**75**

ECU= 1,92 DM

Quelle: Zusammenstellung auf der Basis der Einzelergebnisse der Unterprogramme, Angaben des MLR.

7.1.5 Zielerreichungskontrolle

Die Zielerreichungskontrolle für das gesamte Ziel-5b-Programm steht speziell in den Unterprogrammen I und III vor dem Problem, daß den gesammelten Indikatoren nur wenige zuverlässige quantifizierte Zielgrößen gegenüberstehen. Diese konnten bei Aufstellung des Programms offensichtlich nur mit großer Schwierigkeit und, wie sich bei der Auswertung der Unterlegen ergab, mit großen Ungenauigkeiten abgeschätzt werden. Eine widerspruchsfreie und valide Interpretation der Daten war kaum möglich. Dies konnte nur unter Zuhilfenahme der Ergebnisse der Vollzugskontrolle gewährleistet werden.

Für eine Zielerreichungskontrolle auf der übergeordneten Ebene des gesamten Programms stehen zum jetzigen Zeitpunkt nur wenige regionalstatistische Daten von ausreichender Aktualität zur Verfügung, die einen Rückschluß auf die Wirksamkeit des Programms zulassen würden. Bezüglich der vier Hauptabgrenzungskriterien für die Ziel-5b-Gebiete stellt sich die aktuelle Datenverfügbarkeit folgendermaßen dar (vgl. Tabelle 7.2):

Tabelle 7.2: Entwicklung der Hauptabgrenzungskriterien für die Ziel-5b-Gebietskulisse soweit verfügbar

Indikator	Ziel-5b-Gebiet		Schleswig-Holstein	
	1994	1995	1994	1995
BIP/Einwohner	-	-	-	-
Anteil der in der Landwirtschaft Erwerbstätigen in %	7,2	-	4,0	-
Landwirtschaftliche BWS pro JAE (Jahresarbeitseinheit)	-	-	-	-
Bevölkerungsdichte in Einw./km²	95	96	172	173
Wanderungssaldo pro 1000 E.	+8,2	+9,5	+6,2	+7,7

- Zur Zeit nicht verfügbar.

Quelle: Statistik regional, Angaben des Statistischen Landesamtes Schleswig-Holstein, eigene Berechnungen.

Für das Bruttoinlandsprodukt liegen laut Auskunft des Statistischen Landesamtes Kiel keine Kreiswerte vor. Als Hilfsgröße könnte die Bruttowertschöpfung dienen, die allerdings erst bis zum Jahr 1992 verfügbar ist. Gleiches gilt also auch für die Bruttowertschöpfung im Agrarbereich. Der Anteil der Erwerbstätigen in der Landwirtschaft liegt bis zum Jahr 1994 vor. Für die Bevölkerungsdichte und die Zu- und Fortzüge über die Kreisgrenzen liegen Informationen bis zum Jahr 1995 vor.

Anhand der wenigen Zahlen läßt sich verständlicherweise die Veränderung von Disparitäten zwischen dem Ziel-5b-Gebiet und dem Land Schleswig-Holstein, die auf die aktuelle Ziel-5b-Förderung zurückzuführen wäre, nicht ablesen.

7.1.6 Ergebnisse und erste erkennbare Wirkungen der Förderung

In Tabelle 7.3 sind ausgewählte Ergebnisse der Förderung im Rahmen des Ziel-5b-Programms für den Zeitraum 1994 bis 1996 zusammenfassend dargestellt. Darin sind unter anderem die Indikatoren enthalten, auf die sich die deutschen Ziel-5b-Evaluierer während einer Sitzung am 5. September 1996 in Bonn geeinigt haben. Die Werte der Indikatoren wurden der besseren Übersicht halber nach Unterprogrammen getrennt dargestellt.

Tabelle 7.3: Ergebnisse der Ziel-5b-Politik für die erste Hälfte der Förderphase

Indikator	UP I	UP II	UP III	Gesamt
• Anzahl geförderter Unternehmen einschl. KMU	8	-	-	8
• Anzahl von Technologie- und Gewerbeparks	-	0	-	0
• Anzahl an Gewerbegebieten	-	14		14
• Fläche der Gewerbegebiete in ha	-	55	-	55
• Neu geschaffene Arbeitsplätze (in Vollzeitäquivalent)	20	40	-	60
• Erhaltene Arbeitsplätze	~	508	-	508
• Anteil an Frauenarbeitsplätzen (an erhaltenen und neu geschaffenen Arbeitsplätzen)	60%	20%	-	21%
• Befristete Arbeitsplatzeffekte durch die Erstellung von Anlagen bzw. die Projektdurchführung im UP III in Personenjahren	267	263	160	690
• Anzahl an Personen, die voraussichtlich im ersten Arbeitsmarkt beschäftigt werden (geschätzte Verbleibsquote)	-	-	342	342
• Neu geschaffene Ausbildungsplätze	-	75	-	75
• Erhaltene Ausbildungsplätze	-	480	-	480
• Zahl neuer Anbieter im Bereich Fremdenverkehr	-	0	-	0
• Geschaffene Touristenunterkünfte in Zahl der Betten	-	138	-	138
• Anzahl von Infrastrukturprojekten für den Fremdenverkehr	2	1	-	3
• Zahl der durchgeführten Qualifizierungsmaßnahmen	-	-	43	43
• Zahl der Teilnehmer an Qualifizierung	-	-	677	677
• Zahl der Dörfer, in denen Projekte der Dorferneuerung gefördert wurden	71	-	-	71
• Fläche von Aufforstungen und Forstmeliorationen in ha	220	-	-	220

- nicht relevant;

~ größer als null, jedoch nicht exakt genug abzuschätzen.

Quelle: Zusammenstellung auf der Basis der Teilergebnisse der Unterprogramme.

Auf die Interpretation der einzelnen Indikatoren ist in den Kapiteln der Studie, die sich vertiefend mit den einzelnen Unterprogrammen befassen (Kapitel 3, 4 und 5), ausführlicher eingegangen worden. An dieser Stelle soll daher noch auf Indikatoren eingegangen werden, die aggregiert für das Gesamtprogramm erfaßt werden konnten.

In den Unterprogrammen des EAGFL und des EFRE konnten – dies wurde erst durch die Fallstudie "Dorferneuerung" und die vertiefende Untersuchungen der verschiedenen Projektarten des Unterprogramms II möglich – direkte neu geschaffene Arbeitsplätze identifiziert werden. Diese entfielen besonders auf den Ausbau von Gewerbegebieten und die Landesdorferneuerung.

Auch war es möglich, den durchschnittlichen Anteil von neu geschaffenen bzw. erhaltenen Arbeitsplätzen zu ermitteln, der insbesondere Frauen zugute kommt bzw. kommen wird. Hier kann nach entsprechender Gewichtung von etwa 22% ausgegangen werden. Die Landesdorferneuerung im Unterprogramm I weist eine wesentlich höhere Rate auf.

Ein wesentlicher Indikator, der über das gesamte Ziel-5b-Programm aggregiert werden kann, ist der Arbeitsplatzeffekt, der in der Erstellungsphase durch die Nachfrage nach Bauleistungen und in der Durchführung von Qualifizierungsprojekten durch die Nachfrage nach Projektleitungsfunktionen entsteht. Insgesamt wurden für das gesamte Programm ca. 690 Personenjahre abgeschätzt, die zeitweilig entstanden sind oder zur Zeit noch bestehen.

Der letzte über Unterprogrammgrenzen aggregierbare Indikator ist die Zahl der Infrastrukturprojekte für den Fremdenverkehr. Dabei verdeckt die Betrachtung der Projektanzahl jedoch die unterschiedliche Größe und Qualität der Projekte, die im Unterprogramm I eher dem ländlichen Tourismus (Wanderwege und Lehrpfade) dienen und auch im Investitionsumfang wesentlich kleiner sind als das Projekt des Unterprogramms II (Schlickaufbereitung für Heilzwecke).

Zwecks Einordnung der 'bottom-up' ermittelten Bruttoeffekte des Ziel-5b-Programms hinsichtlich der Beschäftigung ist eine Gegenüberstellung mit anderen statistischen Informationen empfehlenswert. So ergibt sich für die Beschäftigungswirkungen der Ziel-5b-Politik folgendes Bild: Aus der Erstellungs- bzw. Projektphase (ESF-Bereich) ergeben sich Bruttoarbeitsplatzeffekte von ca. 690 Personenjahren. Verteilt auf effektiv zwei Förderjahre würde das ca. 345 Personen pro Jahr bedeuten. Durch die Projekte werden längerfristig schätzungsweise 60 Arbeitsplätze neu geschaffen. Personen werden bzw. wurden in einem Umfang von ca. 340 neu in den Arbeitsmarkt vermittelt. Vergleicht man die Zahlen mit den Arbeitslosenzahlen in den Ziel-5b-Kreisen (im September 1995 ca. 25.000) relativiert sich die Bedeutung des Ziel-5b-Programms für die direkte

Verbesserung der Arbeitsmarktprobleme. Unterstellt man eine Beschäftigungswirkung im Jahr 1995 ausschließlich durch die Erbringung von Bauleistungen oder die Leitung von Projekten und im Jahr 1996 durch ebendies plus der Hälfte der beobachteten direkten Beschäftigungswirkungen, wäre die Arbeitslosenquote in den Ziel-5b-Kreisen um etwa 0,1 bis 0,15 Prozentpunkte höher gewesen als ursprünglich ausgewiesen. Auch dies verdeutlicht die recht geringe Bedeutung des Ziel-5b-Programms für die direkte Behebung von Arbeitsmarktproblemen.

An dieser Stelle soll jedoch nochmals hervorgehoben werden, daß das deklarierte Ziel der Ziel-5b-Politik in Schleswig-Holstein nicht in der kurzfristigen Schaffung von vielen Arbeitsplätzen besteht, sondern ein nachhaltiger und langfristiger Aufbau von wettbewerbsfähigen Wirtschaftsstrukturen in den benachteiligten Regionen angestrebt wird.

Als Wirkungsindikatoren für eine Wirkungskontrolle wären in erster Linie die bereits in Kapitel 7.1.5 genannten Regionaldaten in der Lage, Wirkungen auf die sozioökonomische Situation zu dokumentieren. Die mangelnde Aktualität der Zahlen verhindert jedoch die Analyse bereits eingetretener Programmwirkungen auf gesamtwirtschaftlicher Ebene.

Ein wichtiges Prinzip der Strukturfondsreform und damit auch der Ziel-5b-Politik ist das fondsübergreifende Zusammenwirken von Maßnahmen. Im Rahmen der Aufenthalte und der zahlreichen Gespräche mit Beteiligten an der Ziel-5b-Politik in Schleswig-Holstein konnten keine fondsübergreifenden Aktivitäten, die auf der Basis einer systematischen sektorübergreifenden Koordinierung entstanden, identifiziert werden. Wenn es zum Zusammenwirken unterschiedlicher Strukturfonds kam, war dies eher zufälliger Natur. Es gibt dennoch begründete Annahmen, daß fondsübergreifende Aktivitäten in der zweiten Phase der jetzigen Förderung gezielt in Angriff genommen werden. Eine aus Mitteln der technischen Hilfe aller drei Fonds bezahlte Stelle bei der Projektgesellschaft "Westküste", die integrierte Förderansätze initiieren soll, konnte erst im Juli 1996 ihre Arbeit aufnehmen und mit der Konzipierung einiger fondsübergreifender Projekte beginnen. Diese werden im laufenden Jahr wahrscheinlich begonnen werden können.

7.2 Empfehlungen zur Steigerung von Effektivität und Effizienz des Programms

7.2.1 Aus der Sicht der Unterprogramme

Das Indikatorensystem des Unterprogramms I ist durch Mängel im Bereich der Wirkungsindikatoren und teilweise Inkonsistenzen gekennzeichnet. Eine grundlegende Überarbeitung und die Einführung EDV-gestützter Erfassung von Projektdaten sollte dringend angestrebt werden. Die Vorschläge zur Erfassung von Wirkungsindikatoren sollten bei der jährlichen Berichterstattung berücksichtigt werden, um die spätere Ex-post Bewertung auf eine sichere Basis zustellen.

Hinsichtlich etwaiger Umverteilungen von Mitteln zwischen Maßnahmen sollte die Landesdorferneuerung als Teil der Dorferneuerungsförderung unter anderem wegen der direkten Beschäftigungseffekte und des hohen Anteils von zusätzlichen Erwerbsmöglichkeiten für Frauen besser ausgestattet werden. Die Effekte anderer Maßnahmen des Unterprogramms könnten deutlich erhöht werden, wenn eine konsequente Ausrichtung auf touristisch relevante Orte erreicht würde. Eine Offenlegung der Auswahlkriterien für die regionale Verteilung der Maßnahmen verbunden mit einem Wettbewerb der einzelnen Vorhaben um die Mittel könnte den Beitrag der Maßnahmen zur Entwicklung der Ziel-5b-Region in Schleswig-Holstein aus Sicht der Evaluierer wesentlich erhöhen.

Bei den unmittelbar auf die Diversifizierung im Agrarbereich wirkenden Maßnahmen zur Anpassung der land- und gartenbaulichen Produktion an die Nachfrage und zur Förderung der Vermarktung ökologisch produzierter Produkte ist eine detaillierte Überprüfung der Ursachen für die mangelnde Nachfrage nach den Maßnahmen und eventuell eine Informationsaktion, die sich an die Adressaten direkt wendet, erforderlich. Sollte sich auch dadurch keine Nachfrage einstellen, wäre zu empfehlen, die Mittel in andere Maßnahmenbereiche umzuschichten, die eine Diversifizierung von landwirtschaftlichen Betrieben unmittelbar zur Folge hätten. Da solche Maßnahmen im Unterprogramm nicht vorhanden sind, sollte eine Erweiterung der Fördertatbestände auf andere Erwerbsalternativen für Landwirte erwogen werden.

Im Unterprogramm II lassen sich die Beobachtungen zu folgenden Empfehlungen zusammenfassen:

Mehr Spielraum sollte den Fremdenverkehrsprojekten eingeräumt werden. Nimmt man die Zielstellung des Regionalprogramms ernst, daß den Qualifizierungswirkungen der Projekte mindestens gleichberechtigte Bedeutung wie den Arbeitsplatzeffekten zukommt, dann sollte bei der Auswahl mehr Augenmerk auf diese Seite der Auswirkungen der Förderung gelegt werden. Dies gilt genauso für die Beschäftigungswirkung der geförderten Projekte für Frauen. Mit der Verbesserung der Informationsgrundlagen und der Einführung der „Fachbewertungsmatrix" in den Qualitätswettbewerb[1] kann hier mehr Transparenz in das Verfahren gebracht und Grundlagen für eine entsprechende Projektbewertung gelegt werden.

Die Empfehlungen für das Unterprogramm III betreffen besonders das bisher praktizierte Berichtssystem. In einigen Fällen aufgetretene Inkonsistenzen zwischen Projekt- und Maßnahmenebene sollten auf der Basis einer systematischen Berichterstattung vermieden werden können. Der Schwerpunkt der Qualifizierungsmaßnahmen liegt im Bereich der Umwelt- und Landschaftspflege, der in Parallelität zum Bausektor eine hohe Saison- und Konjunkturabhängigkeit aufweist. Außerdem sind die Vermittlungschancen im Vergleich zu anderen Maßnahmefeldern geringer. Die Erschließung neuer Maßnahmefelder für die entsprechende Zielgruppe sollte deshalb oberste Priorität haben. Weiterhin könnte der wegen des erst erfolgenden Aufbaus von Projektträgern bisher untergeordnete Wettbewerb zwischen verschiedenen Projektträgern mit dazu beitragen, die Effizienz der Maßnahmen zu erhöhen.

7.2.2 Aus der Gesamtsicht des Programms

Der Schwerpunkt des schleswig-holsteinischen Ziel-5b-Programms liegt in der Förderung infrastruktureller Projekte. Es fällt auf, daß der Stärkung privater Initiative und in der Folge einer anhaltenden Schaffung von Beschäftigung mit Hilfe produktiver Investitionen eine geringere Priorität im Rahmen des Programms zugeordnet wird. Absichten, diese Initiative zu fördern, sind im Programm in Form von Maßnahmen zum Teil zu erkennen, die Umsetzung scheitert jedoch meistens.

---

[1] Vgl. Gornig/Toepel (1997), Kapitel 5.2 und Kapitel 3.8 der vorliegenden Untersuchung..

Ein weiterer Bereich betrifft die Transparenz bei der Vergabe der Fördermittel. Erst Transparenz, d.h. die Offenlegung der Auswahlkriterien für die Vergabe der öffentlichen Fördermittel kann einen Wettbewerb zwischen einzelnen Projekten ermöglichen. Ansatzstellen für einen Projektwettbewerb sind zwar in einigen Bereichen des Programms angelegt, werden aber noch nicht in größerer Breite bei der Programmumsetzung praktiziert.

Im Rahmen der Evaluierung hat sich gezeigt, daß die Integration der drei Strukturfonds insbesondere auf der Ebene regionaler Maßnahmen noch verbesserungsbedürftig ist. Die Unklarheiten über den Begriff der Doppelförderung sollten dringend ausgeräumt werden, um integrierte Projekte zu ermöglichen. Darüber hinaus sollte systematischer bei der Konzeption von integrierten Vorhaben vorgegangen werden. Diese Systematik ist in den hier betroffenen Politikbereichen erst in wenigen Ansätzen zu beobachten.

Literaturverzeichnis

Abele, Hanns/Bauer, Hannes (1984), Die Bundestheater in der österreichischen Wirtschaft.

Bach, Stefan et al. (1994), Wechselwirkungen zwischen Infrastrukturausstattung, strukturellem Wandel und Wirtschaftswachstum, DIW-Beiträge zur Strukturforschung, Heft 151.

Berufsbezogene Mädchenarbeit im ländlichen Raum. BSH-aktuell. 1996.

BML (Hrsg.): Agrarstrukturbericht. Tabellenband 1992-1994. Bonn 1995.

Brenke, Karl (1996), Wie die ostdeutsche Industrie ihre Standortbedingungen sieht - Ergebnisse einer Umfrage, in: Wochenbericht des DIW, Nr. 15/96.

Bundesministerium für Wirtschaft (Hrsg.), Bericht über die Lage des Handwerks 1995. Bonn 1996.

Developing quality indicators for the monitoring and evaluation of structural interventions. 1997. Vorläufige Fassung eines MEANS-Handbuches. Unveröffentlicht.

Eickelpasch, A./Pfeiffer, I./Ring, P. (1992), Flächenbedarf der Industrie in Berlin, DIW-Gutachten im Auftrag der Senatsverwaltung für Wirtschaft und Technologie Berlin.

Einheitliches Programmplanungsdokument für das 5b-Gebiet in Schleswig-Holstein 1994 - 1999.

Fortschreibung der Tourismuskonzeption für Schleswig-Holstein vom 12.12.1995.

Frankenfeld, P., Wildner, M., Frede, A. Wandel der Instrumente - Wandel der Bewertungen! Evaluierungen von bremischen Landes-EU-Programmen in der regionalen Strukturpolitik. *BAW-Monatsbericht* (1995) 4. S. 1-15.

Geppert, Kurt et al. (1992), Kultur als Wirtschaftsfaktor in Berlin.

Geuenich, G., Heilig, B. Beschäftigungseffekte agrarstruktureller Manahmen. Münster-Hiltrup 1981.

Goldrian, G., Langmantel, E. Beschäftigungseffekte durch Flurbereinigung und Dorferneuerung in Bayern. München 1991.

Gornig, M./Toepel, K. (1997), Evaluierung von wettbewerbsorientierten Fördermodellen - Das Regionalprogramm für strukturschwache ländliche Räume Schleswig-Holstein, Sonderhefte des DIW (in Druck).

Grajewski, R., Schrader, H., Tissen, G. Vorschläge für die Wirkungsanalyse und Bewertung von Maßnahmen zur Anpassung der Agrarstruktur und zur Entwicklung der ländlichen Räume in den neuen Bundesländern gemäß Ziel 5a und 5b der Reform der EG-Strukturfonds (1991-1993). Arbeitsbericht aus dem Institut für Strukturforschung 4/1995. Braunschweig 1995.

Hafenentwicklungskonzeption für Schleswig-Holstein (1994).

Hahne, U. (1995), Neuere Entwicklungen in der Regionalförderung, in: Ridinger, R./Steinröx, M., Hrsg., Regionale Wirtschaftsförderung in der Praxis, Köln, S. 8 - 30.

Hahne, U./Maier, J. (1993), Integrierte Entwicklung ländlicher Räume - Neuere Konzepte und Erfahrungen und ihre Übertragung auf Schleswig-Holstein, Denkfabrik Schleswig-Holstein, Kiel.

Hubrich-Gebel, M. (1995), Kultur und Wirtschaft: Die Bedeutung der kulturellen Infrastruktur für die Wirtschaft und Stadtentwicklung.

Hummel, Marlies et. al (1996), Eintrittspreise von Museen und Ausgabeverhalten der Museumsbesucher, in: Materialien aus dem Institut für Museumskunde, Heft 46.

Institut für Wirtschaftswissenschaften an der Universität Salzburg (1993), Hrsg., Die regionalwirtschaftliche Bedeutung von Kunst und Kultur im internationalen Vergleich - am Beispiel der Regionen Salzburg, München und Basel.

Jahreswirtschaftsbericht des Landes Schleswig Holstein 1994.

Jahreswirtschaftsbericht des Landes Schleswig-Holstein 1995.

Kaufmann, F., Strohmeier, K. Evaluation as Meaningful Social Research. In: Levine, R., Solomon, M., Hellstern, G. et al. (Hrsg.): Evaluation Research and Practice. Beverly Hills 1981. S. 149-167.

Klemmer, P. (1995), Entwicklungsrisiken peripherer ländlicher Räume, Sprockhövel.

Platz, H., Kotzagiorgis, S. Nachbarschaftsladen 2000 als Dienstleistungszentrum für den ländlichen Raum. Bundesministerium für Raumordnung (Hrsg.). Bonn 1995.

Schrader, H., Plankl, R. Vorausbeurteilung der Dokumente der Programmplanung (1994-1999) für das Ziel 5b-Gebiet Schleswig-Holstein. Schlußbericht für die GD VI. Braunschweig 15.9.1994.

Tissen, G. Darstellung und Bewertung der Durchführung der Strukturfonds-interventionen des EAGFL-A- in der Förderphase von 1991 bis 1993 für den Schwerpunkt 7/8 des GFK Sachsen-Anhalt. Abschlußbericht für das Landwirtschaftsministerium Sachsen-Anhalt. Braunschweig. Mai 1995.

Tissen, G. Ein Ansatz zur Zwischenbewertung der Ziel 5b Politik. *Agrarwirtschaft* 46 (1997) Heft 6, S. 225 - 232.

Wibera AG (1979), Hrsg., Veränderung der Flächenstandards im Bereich „Wirtschaft" und ihre Auswirkungen auf die räumliche Entwicklungsplanung in Frankfurt.

Peter Lang · Europäischer Verlag der Wissenschaften

Manfred M. Gößl

Der westeuropäische Wirtschaftsraum im globalen Wettbewerb

Regionale Integration und Standortwettbewerbsfähigkeit

Frankfurt/M., Berlin, Bern, New York, Paris, Wien, 1997.
406 S., 21 Abb., 30 Tab.
Studien der Bremer Gesellschaft für Wirtschaftsforschung e.V.
Herausgegeben von Alfons Lemper und Rolf W. Stuchtey. Bd. 7
ISBN 3-631-31731-X · br. DM 98.–*

In den vergangenen fünfzig Jahren entwickelte sich Westeuropa zu einem hochintegrierten Wirtschaftsraum, der an die Spitze der Welteinkommens-pyramide aufrückte. Daran anknüpfend will die Studie zwei Hauptsachverhalte näher ergründen. Erstens geht sie der Frage nach, welche politisch-ökonomischen „Mechanismen" im Hinblick auf den westeuropäischen Integrationsverlauf identifizierbar sind. Zweitens analysiert sie die relative Attraktivität des westeuropäischen Wirtschaftsstandortes für unternehmerische Aktivitäten und damit dessen Potential, das erreichte Wohlstandsniveau im globalen Standortwettbewerb um mobile Ressourcen auch zukünftig sichern und möglichst noch anheben zu können.

Aus dem Inhalt: Politisch-ökonomische Entwicklungslinien und -mechanismen der westeuropäischen Integration 1947-1996 · Theorie der relativen Standortattraktivität · Stärken-Schwächen-Profil Westeuropas im globalen Standortwettbewerb · Wirtschaftspolitische Reformempfehlungen · Geoökonomische Megatrends und Weltwirtschaftsordnung

Frankfurt/M · Berlin · Bern · New York · Paris · Wien
Auslieferung: Verlag Peter Lang AG
Jupiterstr. 15, CH-3000 Bern 15
Telefax (004131) 9402131
*inklusive Mehrwertsteuer
Preisänderungen vorbehalten

FSC
www.fsc.org
MIX
Papier | Fördert gute Waldnutzung
FSC® C083411

Kolibri 360 GmbH
Ferdinand-Jühlke-Straße 7
99095 Erfurt, Deutschland
produktsicherheit@kolibri360.de

Druck:
CPI Druckdienstleistungen GmbH
im Auftrag der
Kolibri 360 GmbH
Ferdinand-Jühlke-Str. 7
99095 Erfurt

Bartrow

Der kleine Coach für
Ischias und ISG

Kay Bartrow ist Erfolgsautor, renommierter Physiotherapeut in Balingen, Dozent in der medizinischen Fort- und Weiterbildung und Gesundheitsberater. Er hat sich u. a. auf die Behandlung von Ischias- und ISG-Beschwerden spezialisiert. Seine Bücher »Blackroll«, »Lucky Feet«, »Starke Schulter«, »Der schmerzfreie Rücken« und »Das Arthrose-Selbsthilfe-Buch« sind alle bei TRIAS erschienen und helfen vielen Menschen, körper- und gesundheitsbewusster zu trainieren.